北京仲裁

BEIJING ARBITRATION QUARTERLY

北京仲裁委员会
Beijing Arbitration Commission
北京国际仲裁中心
Beijing International Arbitration Center

第 112 辑（2020年第2辑） Vol. 112（2020, No. 2）

主　办：北京仲裁委员会／北京国际仲裁中心
协　办：中国国际私法学会
武汉大学国际法研究所

中国法制出版社
CHINA LEGAL PUBLISHING HOUSE

目录

特载

专论

办案札记

域外撷英

Contents

中国国际投资仲裁年度观察（2020）

池漫郊[*]　任　清[**]

一、概述

国际投资仲裁（投资仲裁）是指外国投资者与东道国政府之间因为与投资有关的争议而进行的仲裁。随着“走出去”战略和“一带一路”倡议的深入实施，以及中国企业对其他国家提起投资仲裁及中国政府被外国投资者提起投资仲裁案件日益增多，社会各界越来越关注投资仲裁。本文旨在回顾和梳理2019年度中国与投资仲裁的方方面面，对各界提供参考。

投资条约是提起投资仲裁的主要依据。本文第二部分回顾了2019年中国缔结投资条约的实践，包括双边投资协定和自由贸易协定投资章节或投资议题的谈判实践，重点介绍了中欧双边投资协定谈判、中国与新加坡等国升级或新签自由贸易协定的投资章节及参与《区域全面经济伙伴关系协定》（RCEP）谈判等自由贸易协定谈判的投资议题的情况。

第三部分梳理了截至2019年底中国政府被诉的3起案件和中国投资者起诉的10起案件的简要情况，重点评述了在2019年取得进展的德国海乐诉中国案的程序性决定以及2019年结案的Sanum诉老挝（一）案的裁决，并总结

* 池漫郊，对外经济贸易大学法学院教授、博士生导师。

** 任清，环球律师事务所合伙人。

环球律师事务所的徐征律师、霍凝馨律师助理以及对外经济贸易大学法学院的硕士研究生朱佳倩、胡佳卉、赖婧宜为本文写作提供了帮助，作者在此表示感谢。

了现有案例对中国政府和中国投资者未来参与国际投资仲裁在实体和程序上的参考意义。

第四部分对于2019年中国在外商投资领域的重要立法和政策进行了梳理，介绍了《外商投资法》及相关配套法规及政策的主要内容，重点评述了其中关于外资保护及争端解决的相关规定。

第五部分力图梳理中国国内与投资争端有关的争议解决情况，包括外商投资企业或其投资者提起行政诉讼和申请行政复议的案件情况，以及外商投诉协调机制的运行情况等。我们认为，如果行政诉讼、行政复议、投诉协调等国内争议解决机制运行良好，将有利于避免投资争议升级为国际投资仲裁案件。

第六部分首先介绍了目前如火如荼的投资者—东道国争端解决机制改革的进展情况，尤其是世界银行国际投资争端中心（ICSID）相关规则修订以及联合国贸法会（UNCITRAL）主持的改革进程，重点评述了我国向UNCITRAL提交的立场报告，并对中国如何参与及应对投资者—东道国争端解决机制改革作出探讨。

第七部分梳理了2019年度中国仲裁机构、仲裁员和律师参与投资仲裁的情况。北京仲裁委员会发布了国际投资仲裁规则，其多方面的创新受到国内外好评；贸仲牵头成立了中国国际投资仲裁常设论坛。张月姣女士等中国籍人士参与审理了若干ICSID仲裁案件。中国律师开始代理部分投资仲裁案件。

中国目前参与投资仲裁的能力与欧美国家相比还有差距。需要更多的机构和个人投身这一领域，为维护中国国家利益和中国投资者的正当权益，也为国际投资的法治化贡献力量。

二、中国缔结投资条约的最新实践

提起国际投资仲裁的主要依据是投资条约，[①] 包括双边投资协定、自由贸易协定（自贸协定）等。截至目前，我国共与134个国家和地区签署了双边

① 据ICSID对其受理案件的统计，76%的案件系依据投资条约（包括双边投资协定、北美自由贸易协定、能源宪章条约等）提起仲裁，16%系依据外国投资者与东道国签订的投资合同，8%系依据东道国的法律。

投资协定（共134个）。其中，与16个国家的协定已签署但未生效，与5个国家的协定已终止（玻利维亚、厄瓜多尔、印度尼西亚、印度、新加坡），与113个国家和地区的协定现行有效。①2019年，中国与欧盟的双边投资协定谈判稳步推进，双方力争在2020年达成双边投资协定。就自贸协定而言，我国在2019年取得了一系列积极进展，《区域全面经济伙伴关系协定》（RCEP）文本结束谈判，标志着世界上人口最多、成员结构最多元、发展潜力最大的自贸区建设取得了重大突破。此外，我国还推动与部分国家的自贸协定进行了升级谈判。尤其值得关注的是，我国开始采取负面清单方式开展谈判，自贸区建设迈入高标准的"负面清单"时代。

（一）双边投资协定

中欧双边投资协定谈判的倡议最早可以追溯到2012年2月中欧峰会。这次峰会上，双方达成尽快开启双边投资协定谈判的共识。之后，欧盟于2012年5月23日正式向成员国提出与中国谈判投资协定的建议。但直到2013年11月21日，在北京举行的第16次中国欧盟领导人会晤后，中国国务院总理李克强与欧洲理事会主席范龙佩、欧盟委员会主席巴罗佐才共同宣布，正式启动中欧双边投资协定谈判。在2013年至2018年年中，双方围绕双边投资协定已经举行了17轮谈判，但进展缓慢。在2019年间，双方就投资协定进行了五轮谈判，其具体情况如下：

表一　2019年中欧双边投资协定五轮谈判

时　间	地　点	轮　次	具体内容
2019.6.10—2019.6.15	北京	第二十一轮	围绕协定文本和清单展开谈判，力争取得积极进展。[1]

① 中国已签订的双边投资协定情况请见中华人民共和国商务部发布的"我国对外签订双边投资协定一览表"：http://tfs.mofcom.gov.cn/article/Nocategory/201111/20111107819474.shtml（此表部分情况尚未更新），最后访问时间：2020年7月7日；中国已签订17个自由贸易协定，涉及25个国家或地区，有12个自由贸易协定正处于谈判中，有8个自由贸易协定正在研究中，详情请见中国自由贸易服务区网：http://fta.mofcom.gov.cn/index.shtml，最后访问时间：2020年7月7日。我国与新加坡的双边投资协定终止以后，双边投资保护将适用自贸协定投资规则。

续表

时 间	地 点	轮 次	具体内容
2019.7.15—2019.7.19	布鲁塞尔	第二十二轮	重点是投资自由化。关于金融服务的具体准则和与国民待遇有关的承诺的讨论也取得了进展。在可持续发展方面，欧盟首席谈判代表讨论了与投资有关的环境和劳工政策问题，并概述进一步技术工作的途径。最后，在争端解决方面，谈判双方就投资者母国与东道国之间的争端解决进行了建设性的交流，同时表示9月必须加紧努力以取得更加切实的进展。[2]
2019.9.17—2019.9.24	北京	第二十三轮	围绕文本和清单展开磋商，力争取得积极进展。[3]
2019.11.5—2019.11.8	北京	第二十四轮	围绕部分文本问题展开磋商，力争取得积极进展。[4]
2019.12.16—2019.12.19	布鲁塞尔	第二十五轮	继续围绕文本展开谈判，并交换了关于投资市场准入的清单改进出价。[5]

注：

1. 商务部关于中欧双边投资协定第二十一轮的公告，参见：http://www.mofcom.gov.cn/article/ae/ai/201906/20190602871388.shtml，最后访问时间：2020年7月7日。
2. 商务部关于中欧双边投资协定第二十二轮的公告，参见：http://www.mofcom.gov.cn/article/ae/ai/201907/20190702880906.shtml，最后访问时间：2020年7月7日。
3. 商务部关于中欧双边投资协定第二十三轮的公告，参见：http://www.mofcom.gov.cn/article/ae/ai/201909/20190902901081.shtml，最后访问时间：2020年7月7日。
4. 商务部关于中欧双边投资协定第二十四轮的公告，参见：http://www.mofcom.gov.cn/article/ae/ai/201911/20191102910230.shtml，最后访问时间：2020年7月7日。
5. 商务部关于中欧双边投资协定第二十五轮的公告，参见：http://www.mofcom.gov.cn/article/ae/ai/201912/20191202923735.shtml，最后访问时间：2020年7月7日。

尽管商务部的相关新闻稿并未透露细节，但从第二十二轮、第二十五轮谈判后的新闻稿可以看出，双方的目标是达成一个高度自由化的投资协定。中欧投资协定的谈判重点如下：（1）实质性改善投资准入。商务部明确表示采用“准入前国民待遇”加“负面清单”的投资准入模式，且中国的“负面清单”的限制一直在减少。（2）达到双方利益的平衡。由于在知识产权保护、国有企业竞争中立、环境保护条款、劳工保护条款等问题上双方一直存在较大分歧，如何在这些问题上达成一致值得持续关注；（3）建立投资保护框架。为中欧双方的投资者提供公平、平等的待遇及提供充分的保护也是重点内容之一，这一框架的建立对于双方的投资者而言均是利好消息。

欧盟在 2019 年初表示希望以 2020 年为最后期限与中国达成投资协定，这个目标表明双边关系的活跃程度达到了一个新水平。期待中欧双方可以在 2020 年顺利达成中欧投资协定。

（二）自由贸易协定

2019 年，我国（含香港特别行政区）与多个贸易伙伴新签或修订（升级）了自由贸易协定，或者展开了自贸协定谈判或升级谈判。投资章节（议题）是这些协定（谈判）的重要内容。

1. 新签或升级的自由贸易协定

（1）中巴结束自贸协定第二阶段谈判并签署议定书[①]

中国与巴基斯坦《自由贸易协定》于 2006 年 11 月签署，2007 年 7 月生效实施。2011 年 3 月，双方启动自贸协定第二阶段谈判，于 2019 年 4 月就所有议题达成一致并结束谈判。2019 年 4 月 28 日，在中巴两国总理共同见证下，商务部副部长兼国际贸易谈判副代表俞建华与巴基斯坦驻华大使马苏德·哈立德签署《中华人民共和国政府和巴基斯坦伊斯兰共和国政府关于修订〈自由贸易协定〉的议定书》（以下简称《修订议定书》）。《修订议定书》对《自由贸易协定》中的货物贸易市场准入及关税减让表、原产地规则、贸易救济、投资等内容进行了升级和修订，并新增了海关合作章节。

就“投资”议题，《修订议定书》第五章为“投资章节”，明确双方的未来工作计划，即：“缔约双方将致力于鼓励来自另一方的投资，并同意加强在投资领域的合作，以便为缔约双方投资者提供稳定、透明和具有可预见性的投资环境。缔约双方同意将适时开展谈判，对《自由贸易协定》第九章（投资）进行升级。”可以期待未来双方会对投资章节进行进一步谈判。

---

① 商务部关于《中国—巴基斯坦自贸协定》第二阶段谈判并签署议定书的公告，参见：http: //fta.mofcom.gov.cn/pakistan_phase2/pakistan_phase2_special.shtml，最后访问时间：2020 年 7 月 7 日。

（2）《中国与新加坡关于升级〈自由贸易协定〉的议定书》生效[①]

2019年10月16日，《中华人民共和国政府与新加坡共和国政府关于升级〈自由贸易协定〉的议定书》（以下简称《升级议定书》）生效。《升级议定书》对《中国—新加坡自由贸易协定》（以下简称《中新自贸协定》）的原产地规则、海关程序与贸易便利化、贸易救济、服务贸易、投资、经济合作等6个领域进行了升级，并新增了电子商务、竞争政策和环境等3个领域。

双方全面升级了投资章节。自《升级议定书》生效后，双方于1985年11月签署的《中华人民共和国政府和新加坡共和国政府关于促进和保护投资协定》终止适用。《中新自贸协定》第十章（投资）下仅有一条"投资"条款，主要规定双方应依照《中华人民共和国与东南亚国家联盟全面经济合作框架协议》第5条进行的中国与东盟之间的投资协议（《中国—东盟投资协议》）完成后，除非协议另有规定，其条款经必要修改后应纳入本协定，成为本协定的一部分，现通过《升级议定书》的附录四，对"投资"的内容进行进一步明确。

双方对投资保护、争端解决等作出了较为全面的规定，在保护投资者合法权益和维护东道国政府的管理权之间达成较为适当的平衡。投资章节规定，双方相互给予对方投资者高水平的投资保护，纳入了征收补偿、最低待遇标准、转移等条款；相互给予准入后阶段的国民待遇和最惠国待遇；设置了金融审慎措施、根本安全、保密信息等例外条款以保护政府管理外资的政策空间，并纳入了全面的投资者与国家间争端解决机制，为双方投资者提供充分的权利保障和救济途径。

《升级议定书》的投资章节体现了中国在国际投资缔约实践的最新发展，更好地体现了对双向投资的同等重视和保护。此外，双方还同意力争在升级议定书生效后一年内以负面清单方式启动投资自由化谈判。

（3）《中国—毛里求斯自贸协定》签署[②]

《中国—毛里求斯自贸协定》谈判于2017年12月正式启动。在两国领导

① 商务部关于"中国—新加坡自贸协定升级"的相关新闻与公告，参见：http://fta.mofcom.gov.cn/singapore_upgrade/singapore_upgrade_special.shtml，最后访问时间：2020年7月7日。

② 商务部关于《中国—毛里求斯自贸协定》谈判及签署的公告，参见：http://fta.mofcom.gov.cn/mauritius/mauritius_special.shtml，最后访问时间：2020年7月7日。

人的关心和指导下，双方团队经过四轮密集谈判，谈判于 2018 年 9 月 2 日正式结束。协定涵盖货物贸易、服务贸易、投资、经济合作等内容，实现了“全面、高水平和互惠”的谈判目标。

2019 年 10 月 17 日，中国商务部部长钟山与毛里求斯驻华大使李淼光分别代表两国政府在北京签署了《中国—毛里求斯自贸协定》。该自贸协定是我国商签的第 17 个自贸协定，也是我国与非洲国家的第一个自贸协定，不仅将为深化两国经贸关系提供了更加有力的制度保障，更为中非全面战略合作伙伴关系赋予了全新的内涵，将中非经贸合作提升到了新的高度，开创了新的局面。截至目前，商务部尚未公布该自贸协定的完整版本，故笔者也无法对其涉及“投资”议题的文本进一步展开分析，但商务部公开发布的消息显示，这是我国首次与非洲国家升级原投资保护协定（即《中国—毛里求斯双边投资保护协定》），不仅将为我国企业赴毛里求斯提供更加有力的法律保障，也有助于企业以该国为平台，进一步拓展对非洲的投资合作。此外，双方还同意进一步深化两国在农业、金融、医疗、旅游等领域的经济技术合作。

（4）《澳大利亚—香港自贸协定》①

澳大利亚与中国香港于 2019 年 3 月 26 日在悉尼签署《澳大利亚—香港自贸协定》和相关投资协定，标志着澳大利亚与香港的互惠互利经贸关系翻开新篇章。该协定共 20 章，其正文内容中未有专门的投资章节，但是就服务与投资的相关规定与安排在附录一与附录二得到进一步明确。

（5）《东盟—香港自贸协定》生效②

《东盟—香港自贸协定》涉及香港与老挝、缅甸、新加坡、泰国和越南等五个东盟成员国的部分于 2019 年 6 月 17 日生效。该协定强调了投资保护，主要是如果投资被征收或因武装冲突、内乱、革命或紧急状态而受损，则投资者可能有资格获得赔偿。此外，该协定也注重保障投资的收益及转移，目的是保障投资收益“自由而无阻碍”的转移。

---

① 澳大利亚外国事务与贸易处公布《澳大利亚—香港自贸协定》，详细信息，参见：https://www.dfat.gov.au/trade/agreements/in-force/a-hkfta/Pages/default，最后访问时间：2020 年 7 月 7 日。

② 东盟官网公告《东盟—香港自贸协定》将生效的新闻，参见：https://asean.org/asean-hong-kong-china-free-trade-agreement-enters-force/，最后访问时间：2020 年 7 月 7 日。

2. 谈判中的区域或双边自由贸易协定

（1）《区域全面经济伙伴关系协定》（RCEP）谈判[①]

RCEP谈判于2012年由东盟发起，成员包括东盟十国、中国、日本、韩国、澳大利亚、新西兰和印度。RCEP涵盖47.4%的全球人口，32.2%的全球GDP，29.1%的全球贸易以及32.5%的全球投资，是当前亚洲地区规模最大的自由贸易协定谈判，也是我国参与的成员最多、规模最大、影响最广的自贸区谈判。2019年间，区域全面经济伙伴关系协定开展了两轮谈判（第二十六轮与第二十七轮），并举行了一次部长级会议与一次领导人会议，其中均涉及"投资"议题。

依据2019年11月4日在泰国召开RCEP领导人会议后发布的《〈区域全面经济伙伴关系协定〉（RCEP）第三次领导人会议联合声明》，除印度外的15个RCEP成员国已经结束全部20个章节的文本谈判以及实质上所有的市场准入问题的谈判。各国领导人将指示它们启动法律文本审核工作，以便在2020年签署协定。

（2）中国—日本—韩国自贸区谈判[②]

中国—日本—韩国自贸区谈判（中日韩自贸区谈判）是我国参与的经济体量最大、占我外贸比重最高的自贸区谈判之一。2018年11月，习近平主席在首届中国国际进口博览会开幕式主旨演讲中提出要加快中日韩自贸区谈判进程。2018年5月，第七次中日韩领导人会议发表联合宣言，重申将进一步加速中日韩自贸区谈判，力争达成全面、高水平、互惠且具有自身价值的自贸协定。2019年，中国与日本、韩国就自贸区开展了两轮谈判（第十五轮与第十六轮），对"投资"议题进行了深入的讨论。就"投资"议题上，中日韩自贸区谈判将扩大投资领域的市场准入，为三国企业提供稳定、透明、可预见的政策框架和营商环境。投资的增加将进一步促进知识、技术、理念、商业人员的交流和往来，三国均将从中受益。

---

① 商务部关于《区域全面经济伙伴关系协定》（RCEP）谈判的相关公告，参见：http://fta.mofcom.gov.cn/rcep/rcep_special.shtml，最后访问时间：2020年7月7日。

② 商务部关于中国—日本—韩国自贸区谈判的进程，参见：http://fta.mofcom.gov.cn/china_japan_korea/china_japan_korea_special.shtml，最后访问时间：2020年7月7日。

（3）《中国—以色列自贸协定》谈判[①]

中国与以色列双边经贸关系紧密。中国是以色列第三大贸易伙伴，以色列是中国在中东地区和“一带一路”沿线的重要合作伙伴，中国也将持续推进与以色列的自贸协定的谈判。2019年，中国与以色列就自贸协定开展了三轮谈判（第五轮、第六轮与第七轮），三轮谈判均涉及“投资”议题，但商务部尚未就“投资”议题下谈判的具体内容进一步披露。

（4）《中国—挪威自贸协定》谈判[②]

中国与挪威两国经济互补性强，合作基础深厚。双方通过自贸协定谈判加强经贸务实合作，不仅造福两国企业和人民、推动中挪关系迈上新台阶，也发出了两国共同坚定维护自由贸易、反对单边主义和贸易保护主义的强烈信号。2019年中国与挪威就自贸协定开展了三轮谈判（第十四轮、第十五轮以及第十六轮），三轮谈判中均涉及“投资”议题，但商务部尚未就“投资”议题下谈判的具体内容进一步披露。

（5）《中国—韩国自贸协定》第二阶段谈判[③]

《中国—韩国自贸协定》于2015年12月正式生效。2017年12月，两国签署谅解备忘录，正式启动第二阶段谈判。《中国—韩国自贸协定》第二阶段第四轮谈判于2019年3月29日在京举行，首次引入负面清单进行服务贸易和投资谈判。

（6）《中国—秘鲁自贸协定》升级谈判[④]

《中国—秘鲁自贸协定》于2009年4月签署，2010年3月生效，是我国已签署的自贸协定中具有最高货物贸易自由化水平的自贸协定之一。2018年11月，双方宣布启动《中国—秘鲁自贸协定》升级谈判，并一致同意加快谈判进程，力争早日结束。2019年间，双方就自贸区开展了三轮谈判（第一轮、

---

① 商务部关于《中国—以色列自贸协定》谈判进程的公告，参见：http://fta.mofcom.gov.cn/israel/israel_special.shtml，最后访问时间：2020年7月7日。

② 商务部关于《中国—挪威自贸协定》谈判进程的公告，参见：http://fta.mofcom.gov.cn/norway/norway_special.shtml，最后访问时间：2020年7月7日。

③ 商务部关于《中国—韩国自贸协定》第二阶段谈判的具体公告，参见：http://fta.mofcom.gov.cn/korea/korea_special.shtml，最后访问时间：2020年7月7日。

④ 商务部关于《中国—秘鲁自贸协定》升级谈判的具体公告，参见：http://fta.mofcom.gov.cn/china_japan_korea/china_japan_korea_special.shtml，最后访问时间：2020年7月7日。

第二轮与第三轮），三轮谈判中均涉及"投资"议题，但商务部尚未就"投资"议题下谈判的具体内容进一步披露。

（7）《中国—巴拿马自贸协定》第五轮谈判①

2018年6月，中国与巴拿马正式宣布启动《中国—巴拿马自贸协定》谈判。2019年4月24—26日，《中国—巴拿马自贸协定》第五轮谈判在京举行。双方在此前谈判基础上，围绕货物贸易、服务贸易、金融服务、投资、原产地规则、海关程序和贸易便利化、贸易救济、贸易经济合作以及法律议题等展开深入磋商，谈判取得积极进展，但商务部尚未就"投资"议题下谈判的具体内容进一步披露。

三、中国政府被诉和中国投资者起诉的投资仲裁案件

本部分将梳理涉及中国②或中国投资者③的投资仲裁案件，并简要介绍上述案件中在2019年的主要进展。这些案件包括机构仲裁和非机构仲裁，主要由美国华盛顿的国际投资争端解决中心（ICSID）受理或由位于荷兰海牙的常设仲裁法院（PCA）管理，案件适用的仲裁规则包括《ICSID公约仲裁规则》（ICSID规则）与《联合国国际贸易法委员会仲裁规则》（贸法会规则）等。

截至2019年底，以中国作为被申请人的已公开的国际投资仲裁案共有4起（见表二），均是根据中国对外签订的双边投资协定提起。其中1起案件和解，1起案件被仲裁庭"早期驳回"，1起案件进入实体审理阶段，1起案件处于管辖权争议阶段。

表二 中国作为被申请人的国际投资仲裁案

序号	持续年份	案件简称	管辖权依据	仲裁规则	仲裁结果
程序终结的案件					
1.	2011—2013	马来西亚伊佳兰诉中国[1]	中国—马来西亚BIT；中国—以色列BIT	ICSID规则	争议双方和解

① 商务部关于《中国—巴拿马自贸协定》谈判进程的公告，参见：http://fta.mofcom.gov.cn/panama/panama_special.shtml，最后访问时间：2020年7月7日。

② 包括香港、澳门和台湾地区。

③ 包括香港、澳门和台湾地区投资者。

续表

序号	持续年份	案件简称	管辖权依据	仲裁规则	仲裁结果
2.	2014—2017	韩国安城诉中国[2]	中国—韩国 BIT	ICSID 规则	仲裁庭做出“早期驳回”裁决
尚在审理中案件					
3.	2017 至今	德国海乐诉中国[3]	中国—德国 BIT	ICSID 规则	案件处于管辖权和实体问题的不分步审理阶段
4.	2019 至今[4]	英国国民宋宇诉中国	中国—英国 BIT	贸法会规则 PCA 管理	案件处于管辖权争议阶段

注：

1. Ekran Berhad v. People's Republic of China（ICSID Case No. ARB/11/15）https://icsid.worldbank.org/en/Pages/cases/casedetail.aspx?CaseNo=ARB/11/15，最后访问时间：2020 年 7 月 7 日。

2. Ansung Housing Co., Ltd. v. People's Republic of China（ICSID Case No. ARB/14/25）https://icsid.worldbank.org/en/Pages/cases/casedetail.aspx?CaseNo=ARB/14/25，最后访问时间：2020 年 7 月 7 日。

3. Hela Schwarz GmbH v. People's Republic of China（ICSID Case No. ARB/17/19）https://icsid.worldbank.org/en/Pages/cases/casedetail.aspx?CaseNo=ARB/17/19，最后访问时间：2020 年 7 月 7 日。

4. 该案信息于 2020 年 5 月公开。

另一方面，中国投资者作为申请人提起的国际投资仲裁案共有 10 起（见表三）。其中，5 起案件在程序尚未进入实体审理阶段的情况下便已终结，5 起案件进入实体审理阶段。10 起案件中，7 起是根据中国对外签订的双边投资协定提起，1 起是根据香港地区对外签订的双边投资协议提起，另 2 起由渣打银行（香港）提起的案件依据投资合同提起。7 起根据中国对外签订的双边投资协定提起的案件中，仲裁庭仅在 3 起案件中明确认定其对相关争议享有管辖权，这其中 1 起案件达成和解（北京城建诉也门），1 起案件中投资者获得了胜诉的实体裁决（谢业深诉秘鲁），1 起案件中投资者在实体审理阶段未得到支持（Sanum 诉老挝）。仲裁庭在 2 起案件中明确认定其对相关争议不享有管辖权（中国平安诉比利时、北京首钢诉蒙古），1 起案件刚开始即终结，另有 1 起案件尚在不分步审理中。

表三　中国投资者作为申请人提起的国际投资仲裁案

序号	持续年份	案件简称	管辖权依据	仲裁规则	仲裁结果
程序终结的案件					
1.	2007—2015	谢业深诉秘鲁[1]	中国—秘鲁 BIT	ICSID 规则	仲裁庭做出有利于投资者的裁决
2.	2010—2017	北京首钢诉蒙古[2]	中国—蒙古 BIT	贸法会规则	仲裁庭以缺乏管辖权驳回投资者的仲裁请求
3.	2010—2018	渣打银行（香港）诉坦桑尼亚电力供应公司[3]	投资合同	ICSID 规则	仲裁庭做出有利于投资者的裁决
4.	2011—2017	Philip Morris 诉澳大利亚[4]	澳大利亚—香港 BIT	贸法会规则	仲裁庭以缺乏管辖权为由驳回投资者的仲裁请求
5.	2012—2015	中国平安诉比利时[5]	中国—比利时卢森堡经济联盟 BIT 1984/2005	ICSID 规则	仲裁庭以缺乏管辖权为由驳回投资者的仲裁请求
6.	2012—2019	Sanum 诉老挝（一）[6]	中国—老挝 BIT	贸法会规则	仲裁庭做出有利于东道国的裁决
7.	2014—2018	北京城建诉也门[7]	中国—也门 BIT	ICSID 规则	仲裁庭做出有利于投资者的管辖权决定，实体审理阶段双方和解
8.	2015—2019	渣打银行（香港）诉坦桑尼亚[8]	投资合同	ICSID 规则	仲裁庭做出有利于投资者的裁决
9.	2019—2019	Jetion 及 T-Hertz 诉希腊[9]	中国—希腊 BIT	贸法会规则	案件程序终止
尚在审理中案件					
10.	2017 至今	Sanum 诉老挝（二）[10]	中国—老挝 BIT	ICSID 附加便利规则[11]	案件处于管辖权和实体问题的不分步审理阶段

注：

1. Tza Yap Shum v. Republic of Peru（ICSID Case No. ARB/07/6）https://icsid.worldbank.org/en/Pages/cases/casedetail.aspx?CaseNo=ARB/07/6，最后访问时间：2020 年 7 月 7 日。

2. Beijing Shougang and others v. Mongolia, PCA Case No. 2010-20 https://pca-cpa.org/ru/cases/48/，最后访问时间：2020 年 7 月 7 日。

3. Standard Chartered Bank（Hong Kong）Limited v. Tanzania Electric Supply Company Limited（ICSID Case No. ARB/10/20）https://icsid.worldbank.org/en/Pages/cases/casedetail.aspx?CaseNo=ARB/10/20，最后访问时间：2020 年 7 月 7 日。

4. Philip Morris Asia Limited（Hong Kong）v. The Commonwealth of Australia（PCA Case No. 2012-12）https://pca-cpa.org/en/cases/5/，最后访问时间：2020 年 7 月 7 日。

5. Ping An Life Insurance Company of China, Limited and Ping An Insurance（Group）Company of China, Limited v. Kingdom of Belgium（ICSID Case No. ARB/12/29）https://icsid.worldbank.org/en/Pages/cases/casedetail.aspx?CaseNo=ARB/12/29，最后访问时间：2020 年 7 月 7 日。

6. Sanum Investments Limited v. Lao People's Democratic Republic, UNCITRAL, PCA Case No. 2013-13 https://www.italaw.com/cases/2050，最后访问时间：2020 年 7 月 7 日。

7. Beijing Urban Construction Group Co. Ltd. v. Republic of Yemen（ICSID Case No. ARB/14/30）https://icsid.worldbank.org/en/Pages/cases/casedetail.aspx?CaseNo=ARB/14/30，最后访问时间：2020 年 7 月 7 日。

8. Standard Chartered Bank（Hong Kong）Limited v. United Republic of Tanzania（ICSID Case No.ARB/15/41）https://icsid.worldbank.org/en/Pages/cases/casedetail.aspx?CaseNo=ARB/15/41，最后访问时间：2020 年 7 月 7 日。

9. Jetion Solar Co. Ltd and Wuxi T-Hertz Co. Ltd. v. Hellenic Republic https://investmentpolicy.unctad.org/investment-dispute-settlement/cases/975/jetion-and-t-hertz-v-greece，最后访问时间：2020 年 7 月 7 日。

10. Sanum Investments Limited v. Lao People's Democratic Republic（ICSID Case No. ADHOC/17/1）https://icsid.worldbank.org/en/Pages/cases/casedetail.aspx?CaseNo=ADHOC/17/1，最后访问时间：2020 年 7 月 7 日。

11. 本仲裁为非机构仲裁，仲裁规则由双方当时人约定。

下文简要介绍德国海乐诉中国案和 Sanum 诉老挝（一）案在 2019 年的案件进展。其他案件或者在 2019 年之前已审结，或者 2019 年内的进展缺乏足够的公开信息。

（一）德国海乐诉中国案[①]

1. 本案背景

德国海乐诉中国案是继伊佳兰诉中国案和安城诉中国案后，中国政府（中方）被诉的第三起国际投资仲裁案，也是目前唯一进入实体审理阶段的案件。

本案于2017年6月21日立案，申请人海乐西亚泽公司（德国海乐或申请人）提起仲裁依据的是《中华人民共和国和德意志联邦共和国关于促进和相互保护投资的协定》（中国—德国BIT）。2018年1月8日，ICSID秘书长指定英国籍Daniel BETHLEHEM为本案首席仲裁员，本案完成组庭。本案另外两名仲裁员分别是申请人指定的法国籍Roland ZIADé，以及中方指定的新西兰籍Campbell Alan MCLACHLAN。

本案仲裁庭组庭至今，以程序令形式作出了五项决定：2018年3月，仲裁庭做出第一号程序令，规定了本案工作程序及时间表；2018年8月，仲裁庭做出第二号程序令，拒绝了德国海乐的临时措施申请；2018年12月，仲裁庭做出第三号程序令，决定在实体审理程序中一并处理中方所提先决异议（即不分步审理）；2019年5月，仲裁庭做出第四号程序令，对“申请人的仲裁请求修改申请”做出详细的分析和论述；2019年7月，仲裁庭通过第五号程序令对文件披露等事项做出决定。

此外，中方于2019年4月提交了关于实体问题的答辩状（counter-memorial），申请人于2019年12月提交了关于实体问题的回复（Reply）及关于管辖权问题的答辩状。[②]

以下简要分析本案仲裁庭在2019年做出的第四号程序令和第五号程序令。

2. 第四号程序令：关于修改仲裁申请

（1）程序令做出的程序背景

申请人于第一次会议（first session）中向仲裁庭确认，申请人将申请修改仲裁申请中的仲裁请求。2018年2月26日，申请人提交了一份名为“对仲裁

---

① 本节内容均来自ICSID网站公开信息，见：Hela Schwarz GmbH v. People’s Republic of China（ICSID Case No. ARB/17/19）https://icsid.worldbank.org/en/Pages/cases/casedetail.aspx?CaseNo=ARB/17/19，最后访问时间：2020年7月7日。

② 此后，中方于2020年4月提交了关于实体问题的反驳（Rejoinder）及关于管辖权问题的回复，申请人于2020年5月提交了关于管辖权问题的反驳。

申请的澄清”的文件。仲裁庭认为，德国海乐实际上是申请大幅修改和扩展其原来的仲裁申请，据此将这份文件称为“修改仲裁申请的申请”。第四号程序令中，仲裁庭就是否允许申请人修正其仲裁申请作出决定。

（2）待决事项及仲裁庭的决定

仲裁庭注意到，申请人在“修改仲裁申请的申请”中对仲裁申请做了扩张和修改。例如，申请人认为本案不仅涉及补偿金额及直接征收，还涉及征收的合法性及间接征收，申请人还补充了关于中国—德国 BIT 中公平公正待遇等条款有关的主张。相应地，申请人向仲裁庭寻求的救济也发生了变化。

仲裁庭认为，是否同意申请人修正其仲裁申请，应依据 ICSID 公约第 46 条以及 ICSID 仲裁规则第 40 条。只要在争端双方同意的范围内且在仲裁庭的管辖权范围内，由争端的主要事项直接引起的附带或附加的请求均被推定是可接受的。在这些情况下，若同时满足了在程序上及时通知的要求，则仲裁庭“应当”对这些请求作出决定。

仲裁庭接受了申请人修改仲裁申请的申请。首先，仲裁庭认为，申请人及时提出了修改仲裁申请的申请。申请人新的代理律师一被任命即表示将寻求额外的救济，并且在第一次会议之后、第一号程序令发布之前提交了修改仲裁申请的申请。

其次，尽管申请人的修改幅度很大，新增的请求仍然属于由争议的主要事项直接引起的附属或附加请求，因为如果接受这些修改也不会将争端变成一个与仲裁庭原来审理的争端在性质上完全不同的争端。

再次，由于申请人在仲裁程序的早期［在提交诉状（memorial）之前］就提出了修改仲裁申请的申请，接受修改后的仲裁申请不会给中方造成不利或不便；相反，拒绝接受修改后的仲裁申请意味着要求申请人提交一份全新的仲裁申请，不利于高效推进程序。

最后，“在当事双方同意的范围内且在中心的管辖权范围之内”这一要求与是否接受附加的请求无关，其涉及的是仲裁庭能否对这些请求作出实体性决定。一方面，对管辖权有异议不影响申请人修改仲裁申请；另一方面，接受修改后的仲裁申请也不影响被申请人就管辖权或可受理性提出异议的权利。

3. 第五号程序令：关于文件披露

（1）程序令做出的程序背景

本案第一号程序令规定了关于文件披露的规则：一方当事人可以请求另一

方当事人披露相关文件；在说明异议的情况下，被请求披露文件的一方可以对上述请求予以拒绝；对于被请求方的异议，请求方可以做出评论；若双方在上述程序结束后仍未能就文件的披露达成一致，则仲裁庭将做出是否需要披露争议文件的决定。

本案中，双方分别于2019年5月8日提出了文件披露请求，然后于2019年6月5日披露了部分文件并对其他请求提出异议，于2019年6月26日就对方的异议做出回应并将存在争议的文件披露请求提交给仲裁庭决定。

（2）仲裁庭关于文件披露的决定

2019年7月29日，仲裁庭在第五号程序令中就双方无法达成一致的文件披露请求作出了决定，明确了申请人和被申请人各自应当披露的文件。

仲裁庭基于《国际律师协会取证规则》第3条和第9条（被纳入了第一号程序令）作出文件披露决定。仲裁庭强调，该决定不得被视为仲裁庭对本案争议问题的决定，也不得被视为仲裁庭对当事人的主张、提交的证人证言或其他证据的相关性或证明力做出了任何预判。仲裁庭也指出，如果一方当事人未能按照本程序令的要求披露文件或披露的文件不完整，则仲裁庭在评估当事双方的事实主张和证据时将对此予以考虑，并可以作出对拒绝披露的一方不利的推断。仲裁庭表示，被请求披露的一方如果确实不掌握相关文件，则应当向另一方和仲裁庭提供：该方查找该文件的情况说明，该方不掌握该文件的声明，以及该方曾经一度掌握该文件但后来遗失或损坏的详细说明（如果存在这种情况）。仲裁庭还明确，一方对某文件的一部分主张特免权的，应当在对该部分作出处理后提交整份文件，并提供特免权主张的详细理由。

（二）Sanum诉老挝（一）案

1.本案背景

2012年，两名美国公民控制的一家荷兰公司和一家中国澳门特别行政区公司以老挝人民民主共和国（被申请人或老挝）为被申请人提起了两起国际投资仲裁案件。

这两起案件实际上源于相同的事实：2007年，美国商人John Baldwin（Baldwin）和Shawn Scott在荷兰属阿鲁巴设立了Lao Holdings N.V.（LHNV），并于中国澳门设立了LHNV的子公司Sanum Investments（申请人或Sanum），随后通过Sanum在老挝开设了若干家赌场。在老挝经营过程中，Sanum和LHNV（合称两申请人）与当地合作伙伴就利润分配等问题产生了争议，两申请人认为这种争议的本质是老挝政府和本国企业共谋排挤外国投资者。

Sanum 根据《中华人民共和国政府和老挝人民民主共和国政府关于鼓励和相互保护投资协定》（中国—老挝 BIT）和贸法会仲裁规则提起仲裁（Sanum 诉老挝（一）案，该案由 PCA 管理，案件编号 PCA Case No.13/13）；LHNV 则根据《老挝人民民主共和国和荷兰王国政府关于鼓励和相互保护投资协定》（荷兰—老挝 BIT）提起 ICSID 仲裁（LHNV 诉老挝案，案件编号为 ICSID Case No. ARB（AF）/12/6）。在两起案件中，申请人均指定比利时籍 Bernard HANOTIAU 为仲裁员，被申请人均指定法国籍 Brigitte STERN 为仲裁员；Sanum 案仲裁庭由 PCA 秘书长指定西班牙籍 Andres Rigo SUREDA 为首席仲裁员，LHNV 案仲裁庭则由双方共同指定加拿大籍 Ian BINNIE 为首席仲裁员（分别称 Sanum 仲裁庭和 LHNV 仲裁庭）。

Sanum 诉老挝（一）案中，被申请人提出管辖权异议，认为中国—老挝 BIT 是中国中央政府对外签订的 BIT，不适用于澳门。2013 年，Sanum 仲裁庭做出管辖权裁决，认为根据国际公法的国家继承原则，中国—老挝 BIT 适用于澳门，并认定其对相关争议有管辖权。2014 年，被申请人向新加坡（仲裁地）高等法院申请撤销 Sanum 仲裁庭的管辖权决定，经新加坡两审程序，Sanum 仲裁庭于 2016 年 9 月 29 日被新加坡上诉法院终局认定为对本案享有管辖权。[①]2019 年，Sanum 仲裁庭和 LHNV 仲裁庭分别在各自程序中做出裁决，裁定驳回了申请人全部仲裁请求，并要求其承担被申请人的仲裁费用和法律费用。以下将介绍 Sanum 仲裁庭于 2019 年 8 月 6 日做出的裁决。

2. 仲裁庭裁决：关于申请人的贿赂腐败行为

Sanum 诉老挝（一）案中，被申请人提出，由于申请人在投资的初始设立阶段和后续运营过程中均存在贿赂和腐败行为，仲裁庭应驳回申请人全部的仲裁请求。被申请人指出，由于贿赂腐败发生在被投企业运营过程中，这

---

① 同年，Sanum 和 LHNV 再次就上述争议中的一份新加坡国际仲裁中心裁决被老挝法院拒绝承认的问题，分别依据中国—老挝 BIT 和荷兰—老挝 BIT 提起两起国际投资仲裁，即 Sanum Investments Limited v. Lao People's Democratic Republic（ICSID Case No. ADHOC/17/1）和 Lao Holdings N.V. v. Lao People's Democratic Republic（ICSID Case No. ARB（AF）/16/2）。两案件目前被合并为 Sanum Investments Limited and Lao Holdings N.V. v. Lao People's Democratic Republic（LHNV 和 Sanum 诉老挝案）。LHNV 和 Sanum 诉老挝案于 2019 年 6 月 10 日至 14 日在新加坡进行了管辖权和实体问题听证。本合并案件目前仍处于实体问题审理阶段。

项异议与实体争议相关，并非完全针对管辖权的异议。仲裁庭注意到，争议双方都认可被申请人这项主张的重要性，也认可被申请人应当就这项主张承担举证责任，但双方就证明标准和相关事实存在争议。据此，仲裁庭在分析申请人提出的仲裁请求之前，先分析了被申请人提出的关于申请人存在贿赂腐败行为的主张。

首先，仲裁庭认为这一问题应依照东道国法律进行分析，并认定贿赂和腐败违反老挝的国内法。此外，仲裁庭也援引了《联合国反腐败公约》和OECD《打击贿赂外国公职人员公约》，以此说明根据国际习惯法原则，国际商事交易中交易主体不应通过腐败行为来谋求或延续不正当利益。

其次，仲裁庭分析了证明标准问题，认为本案中适用的证明标准需要达到“清楚且令人确定”，即介于优势证据和排除合理怀疑之间。进而，仲裁庭用这种“清楚且令人确定”的证明标准详细分析了与被申请人行贿相关的六项指控，认为被申请人未能证明申请人做出过贿赂和腐败行为。

最后，仲裁庭指出，申请人作为外国投资者，在东道国的经营并未遵循善意原则，在财务方面存在重大不当行为，且 Baldwin 在经营投资的过程中及本仲裁程序中的种种非善意行为应被视为 Sanum 和 LHNV 的行为。综上，仲裁庭表示会在裁决中将申请人的不当行为和其他非善意的行为纳入考虑。

3. 仲裁庭裁决：与征收相关的仲裁请求

由于中国—老挝 BIT 将仲裁庭管辖权限定为“与征收补偿款额有关的争议”，Sanum 仲裁庭无权审理与征收无关的仲裁请求。仲裁庭对申请人提出的与征收相关的四项仲裁请求进行了逐一分析，并基于事实层面上的原因驳回了这些仲裁请求。

与征收有关的第一项仲裁请求涉及申请人与老挝合作伙伴之间的一起商事纠纷，申请人在经历了诉讼和仲裁程序后，赢得了一份对其有利的仲裁裁决，但该裁决最终未能执行。申请人主张，其未能执行仲裁裁决与被申请人干扰老挝商事法庭的司法程序有关，被申请人有关行为构成对申请人投资的征收。仲裁庭分析后认为，该项关于商事纠纷的主张中，与被申请人相关的仅是被申请人干扰司法程序的部分，且必须以被申请人相关行为构成对国际法的违反为前提。仲裁庭认定，没有足够证据证明被申请人的行为足以“干扰”申请人执行涉案的商事仲裁裁决，因此不能支持申请人的这项仲裁请求。

申请人提出的与征收有关的第二项仲裁请求是，被申请人以申请人违约为由终止了一项赌场和高尔夫球场开发协议，构成征收。仲裁庭分析后认为，Baldwin 在项目开发过程中的非诚信行为可以说明，该开发协议的终止是由于申请人的违约行为，因此被申请人的行为并不构成征收。

与征收有关的第三项仲裁请求涉及的是老挝政府拒绝为申请人更新营业许可，并关闭了申请人与当地合作伙伴经营的博彩机构，构成非法征收。据申请人称，被申请人此举是受申请人的当地合作伙伴游说，而当地合作伙伴此举的动机是他和申请人之间无法就营业收入事宜达成一致。仲裁庭分析后认为，申请人在事实上认可他们需要申请营业许可，并且每年更新该营业许可，但申请人没能提供证据证明其有理由期待老挝政府会为其更新营业许可，或允许其在没有营业许可的情况下继续经营，甚至没有证明其曾经试图更新营业许可。仲裁庭认定，在涉案的博彩机构关闭之时，其营业许可已经过期，处于无证经营状态，因此不存在征收。

与征收有关的第四项仲裁请求涉及申请人筹建的赌场度假村项目，申请人请求仲裁庭就被申请人以发证机关越权为由撤销其博彩机构营业执照的行为做出认定，并请仲裁庭就项目开发协议等作出裁决。仲裁庭分析后认为，虽然通过解读涉案的老挝法规不能明确判定原始发证机关越权，但申请人实际上明确知晓老挝总理办公室才是老挝博彩业的主管机构；此外，申请人还存在试图买通老挝政府官员为自己谋求非法利益的行为。仲裁庭认定，双方都没能证明对方就撤销营业执照一事存在恶意。至于项目开发协议，仲裁庭认定，从商业上看双方或许从未就该协议达成一致。

综上，仲裁庭驳回了申请人全部仲裁请求，并裁定由申请人承担被申请人的全部法律费用和仲裁费用（包括仲裁员费用与 PCA 的机构费用）。

（三）中国投资者作为申请人的其他案件

公开信息显示，若干中国投资者在 2019 年作为申请人提起了国际投资仲裁，或者正在考虑提起仲裁。

据报道，两家中国企业 Jetion Solar Co. Ltd 和 Wuxi T-Hertz Co. Ltd.（合称两申请人）针对希腊政府提起了投资仲裁申请。该案争议源于两申请人的希腊子公司 Brite Hellas AE 在希腊北部的普罗索察尼计划投资的、价值约 2 亿欧元的光伏项目。2012 年，该项目被列为“战略项目”（strategic project），但本该享受快速审批程序的该项目却迟迟不能启动。两申请人认为，项目无法启动主要是因为希腊的能源补贴等政策法律缺乏稳定性。具体来说，希腊政府根据其于2014年5月与国际货币基金组织等债权人签署的谅解备忘录，暂缓所有新能源项目的后续流程，影响到了两申请人的项目开发。2019年5月27日，两申请人根据1992年《中华人民共和国政府和希腊共和国政府关于鼓励和相互保护投资协定》向希腊政府发出仲裁通知。2019年12月4日，希腊政府表示即将通过新的法律，为外国投资者获得项目许可提供便利，两家中国企业撤回了仲裁通知。①

另据新闻报道，一些中国企业正在考虑利用国际投资仲裁来维护自身在东道国的合法权益。例如，2019年4月，中国一家房地产开发商就韩国济州岛政府相关行政行为在韩国提起行政诉讼，并称其有理由根据《中韩自由贸易协定》提起仲裁；② 2020年初，一家由中国企业实际控制的厄瓜多尔公司就金矿许可争议与厄瓜多尔政府开始了为期六个月的磋商等。③

我们还注意到，某些已经吸引大量中国投资的发展中国家迫于国内环保就业等压力对国内法所做的修订很有可能损害中国投资者在当地的既有投资

---

① 相关案情详见：https://www.iareporter.com/articles/chinese-solar-investors-withdraw-investment-treaty-arbitration-against-greece/（需订阅），最后访问时间：2020年7月7日；https://www.iareporter.com/articles/chinese-investors-launch-bilateral-investment-treaty-arbitration-against-greece/（需订阅），最后访问时间：2020年7月7日；http://www.legaldaily.com.cn/Arbitration/content/2019-06/12/content_7902245.htm，最后访问时间：2020年7月7日；https://mp.weixin.qq.com/s?src=11&timestamp=1594202694&ver=2447&signature=Vjwb7rpSBhNi*lhOpSFw-KZlyOlPo8wN6I2CBXJA8ktzGxqwgGT1RbjTwqEvUCfvv5Nmbd8sRoHIFTOVLAEBWgVpTjpJ8ZUNn-sEYgeMRclzuQB2C6CIW3W-*NaaK*fw&new=1，最后访问时间：2020年7月7日；https://www.garrigues.com/en_GB/new/international-arbitration-newsletter-december-2019-regional-overview-asia-pacific，最后访问时间：2020年7月7日。

② 相关新闻报道，请参见：http://www.legaldaily.com.cn/Arbitration/content/2019-04/02/content_7818684.htm，最后访问时间：2020年7月7日；https://koreajoongangdaily.joins.com/news/article/article.aspx?aid=3056558，最后访问时间：2020年7月7日；http://www.theinvestor.co.kr/view.php?ud=20190429000493，最后访问时间：2020年7月7日；http://www.koreaherald.com/view.php?ud=20190218000502，最后访问时间：2020年7月7日；https://www.imtj.com/news/first-profit-hospital-korea-killed/，最后访问时间：2020年7月7日。

③ 相关新闻报道，请参见：https://www.reuters.com/article/us-ecuador-mining/exclusive-chinese-consortium-ecuagoldmining-opens-dispute-with-ecuador-over-halted-mine-idUSKBN20C2IT（需订阅），最后访问时间：2020年7月7日；https://www.nasdaq.com/articles/exclusive-chinese-consortium-ecuagoldmining-opens-dispute-with-ecuador-over-halted-mine，最后访问时间：2020年7月7日；https://www.cnbc.com/2020/02/18/reuters-america-exclusive-chinese-mining-consortium-ecuagoldmining-has-initiated-dispute-process-with-ecuador-over-stalled-rio-blanco-gold.html，最后访问时间：2020年7月7日。

权益，这些潜在争议最终将如何发展取决于这些东道国将如何解释并执行相关法律。[①]

（四）对涉华投资仲裁案例的几点观察

据联合国贸发会议统计，截至 2019 年，已知的国际投资仲裁的案件总数已经达到 1023 起。[②] 如前所述，中国政府参与了 4 起案件，内地投资者作为申请人提起的案件仅 4 起（港澳地区投资者另外提起案件 6 起），占案件总数的比例不足 1%。不论是从中国利用外资和对外投资的规模来看，还是从外资在华的"摩擦"增多以及中资流向的部分目的国政治风险较高来看，抑或从企业维权意识提高来看，中国政府和中国投资者未来不可避免地将被动或主动地参与更多投资仲裁案件。可以做一个简单的对比，尽管俄罗斯的外资流入和流出均远低于中国，但近十年来以俄罗斯为被申请人的国际投资仲裁案有 18 起，俄罗斯企业作为申请人发起的国际投资仲裁案有 20 起。[③] 因此，研习涉华投资仲裁既有案例（以及涉及其他国家的典型投资仲裁案例）对于中国法律人掌握国际投资仲裁的规则和程序，更好地应对未来新的仲裁案件，维护国家利益和中国企业的权利具有重要意义。

1. 从中国政府被诉案例看

伊佳兰公司诉中国案以和解结案。很多投资条约规定了谈判作为争端解决方式，实践中也有很多投资争端最终通过谈判达成了和解。据 ICSID 统计，截至 2019 年底，ICSID 受理的案件最终有 35% 以和解或因其他原因终止（settled or proceeding otherwise discontinued）而结案。具体来说，在这 35% 中，有 17% 是应双方当事人要求而终止，有 9% 是应一方要求而终止，有 5% 不仅达成了和解协议而且双方要求仲裁庭据此作出和解裁决，另有 4% 是因为当

---

① 相关新闻报道，请参见：https://www.bbc.com/news/world-africa-43355678，最后访问时间：2020 年 7 月 7 日；https://www.ft.com/content/6d3d85d0-225c-11e8-9a70-08f715791301（需订阅），最后访问时间：2020 年 7 月 7 日。

② UNCTAD，https://investmentpolicy.unctad.org/investment-dispute-settlement，最后访问时间：2020 年 7 月 7 日。

③ 联合国贸易和发展会议，投资争端解决统计，请参见：https://investmentpolicy.unctad.org/investment-dispute-settlement/country/175/russian-federation/respondent，最后访问时间：2020 年 7 月 7 日；https://investmentpolicy.unctad.org/investment-dispute-settlement/country/175/russian-federation/investor，最后访问时间：2020 年 7 月 7 日。上述案件数量均以立案时间为准。

事人逾期未缴费或者逾期未采取行动而终止。换言之，至少有22%的ICSID仲裁案件最终以和解结案。因此，基于个案情况，通过磋商达成和解不失为解决投资争端的有效方式之一。

安城公司诉中国案以仲裁庭裁决"早期驳回"仲裁请求而结案。ICSID仲裁规则第41（5）条规定，在仲裁庭组成后30天内、举行第一次会议之前，被申请人可以提出仲裁请求自法律上明显没有道理（manifestly without legal merit）的异议，而仲裁庭应当在第一次会议上或之后迅速就异议作出决定。在该案中，中方提出了第41（5）条的异议，理由是安城公司最迟在2011年10月之前已经知悉或应当知悉其受到损失，而2014年11月4日ICSID立案之时已经超过了中国—韩国BIT第9条第7款规定的三年时效。仲裁庭支持了中方的异议，裁决驳回全部仲裁请求，并责令安城公司承担全部仲裁费用及中方75%的费用和支出。该案至少有三点启示：

- 东道国应当重视运用"早期驳回"制度。除安城案外，ICSID仲裁庭在Global Trading v. Ukraine案①、RSM Production v. Grenada案②等案件中也"早期驳回了"全部仲裁请求。在另一些案例中，虽然"早期驳回"异议未被支持，但并未影响被申请人在后续程序中继续提出管辖权异议并得到仲裁庭支持。但第41（5）条所规定的"明显缺乏法律依据（manifestly without legal merit）"之法律标准比较苛刻，不应有事实争议（即在该阶段推定申请方法律文书中的事实为真实），也似乎不应该提出非常复杂的法律问题。
- 不论是东道国还是投资者均应重视时效问题。首先，当然是研究涉案投资条约中是否规定了时效及其具体规定。其次，在涉案投资条约没有规定的情况下，曾经有仲裁庭适用东道国法律中关于时效的规定并支持了基于时效的异议，例如Yury Bogdanov v. Moldova案。③
- 最惠国待遇条款的适用范围往往存在较大争议。部分申请人试图将该

① Global Trading Resource Corporation and Globex International, Inc. v. Ukraine , ICSID Case No. ARB/09/11, Award, 1 December 2010, para.57.

② RSM ProductionCorporation v Grenada, ICSID Case No. ARB/05/14, Award, 13 March 2009.

③ Yury Bogdanov v. Republic of Moldova, SCC Arbitration No. V（114/2009）, para. 94（30 March 2010）.

条款覆盖的事项从投资保护等实体待遇扩大至投资争端解决，该法律主张实质上扩大了仲裁庭的管辖权，可能影响涉案条约权利和义务的总体平衡。根据安城案的裁决，案件当事方需要仔细研究涉案投资协定的文本，以及是否存在国家同意。如果涉案最惠国条款未援引国际投资仲裁机制，且规定相关待遇局限于缔约方境内待遇，仲裁庭则可能将国际投资争端解决理解为境外待遇，不具有国家同意，拒绝通过该条款扩大管辖权范围。

海乐公司诉中国案尚在审理中，不过在若干程序问题上对于未来的案件也有参考价值。

- 第一，申请人在仲裁庭组成之前即提出了临时措施申请，而仲裁庭在第二号程序令中驳回了该申请，并强调，授予临时措施仅系例外，即仅在紧急和必要的情况下才能授予临时措施，为此必须考虑临时措施申请所拟保护的权利是否正面临遭受不可挽回的损失的真实且迫近的风险。
- 第二，中方要求仲裁庭分步审理本案，即先审理管辖权问题后审理实体问题。仲裁庭认为，ICSID 公约第 41（2）条及仲裁规则第 41（3）条均未强制性地要求仲裁庭在收到先决异议之后暂停实体问题的审理，仲裁庭对于是否将异议作为先决性问题审理享有裁量权。仲裁庭指出，在决定是否分步审理时应考虑所有相关情况，并考虑经济性、效率性和公平性，其中应考虑的问题包括：（1）异议是否与实体问题存在紧密关联，以至于仲裁庭必须在审理实体问题的过程中才能充分获知与异议有关的信息；（2）异议能否处置掉申请人的全部仲裁请求；（3）分步审理能否在时间和费用方面提高效率。不论仲裁庭最终是否同意分步审理，东道国提出分步审理的要求不仅是规则所允许的，而且对于维护国家利益非常重要。这既有节约成本的考虑，更重要的是通过分步审理争取避免仲裁庭对实体问题进行审理，即避免仲裁庭对东道国的行政、司法甚至立法进行审查、评价，也避免仲裁庭对案涉投资条约中的实体条款作出可能不利的解释。
- 第三，如前文所述，申请人在一定条件下可以修改仲裁申请。
- 第四，国际投资仲裁受国际商事仲裁影响很深，其中一个表现就是文件披露。不论是东道国作为被申请人还是投资者作为申请人，均需重视文件披露的“攻防战”，既要善于通过文件披露程序最大限度地从对方手中获取对己方有利的文件，又要善于运用规则（包括但不限于特免权）最小限度地向对方披露己方的文件。

2. 从中国投资者起诉的案例看

从中国投资者起诉的10个案例中可以发现一些共同点。例如，中国与其他国家签订的投资保护协定是否适用于香港地区、澳门地区的问题。谢业深诉秘鲁案仲裁庭认为，中国—秘鲁BIT对于投资者的定义是“具有缔约国国籍的个人”，而谢的护照显示其国籍为中国，因此可以获得该BIT的保护，从而间接确认了该BIT可以适用于香港地区。Sanum诉老挝（一）案仲裁庭以及仲裁地的终审法院也认为中国—老挝BIT适用于澳门地区，但仲裁庭与法院的观点与上述谢业深诉秘鲁案仲裁庭并不相同。在该案中，仲裁庭适用了条约法中的“移动条约边界”原则，认为依据该原则，中国缔结的国际条约在澳门回归之后将自动适用于澳门，除非中国对此表示明确反对。鉴于中国并未对于中国—老挝BIT适用于澳门地区的问题作出明确反对，因此可以适用于澳门地区。

最大的共性问题则是中国签订的所谓“第一代BIT”中的“与征收补偿款额有关的争议”究竟应当如何解释。在依据中国签订的BIT提起且进入正式仲裁程序的6起案件中，有5起案件[①]均涉及“征收补偿款额有关的争议”条款，分别涉及中国—老挝、中国—蒙古、中国—也门、中国—秘鲁、中国—比卢经济联盟等BIT。[②]基于这些条款，投资者无疑不能将与征收无关的争议（例如违反公平公正待遇、国民待遇等）提交仲裁，但能否将在征收补偿款额之外的其他与征收有关的争议（例如征收是否存在，是否依照法定程序，是否非歧视等）提交仲裁，则有不同理解。

在Sanum诉老挝（一）案、谢业深诉秘鲁案和北京城建诉也门案中，仲裁庭采取了广义解释，认为“征收补偿款额有关的争议”不仅包括补偿款额

---

① 此外，伊佳兰诉中国案所依据的中国—马来西亚BIT也含有相似条款。

② 在平安集团诉比利时案中，仲裁庭支持了被申请人的管辖权异议进而驳回中国投资者的仲裁请求，理由是中国与比卢经济联盟于2005年签订的双边投资协定（2005年协定）不适用于该协定生效前产生且已通知东道国的争端，而应适用中国与比卢联盟于1984年签订的双边投资保护协定（1984年协定）。而中国平安之所以主张依据2005年协定提起仲裁的重要原因之一，可能正是因为1984年协定仅允许将“关于征收、国有化或其他类似措施的补偿额的争议”提交仲裁。

争议，还包括与征收有关的其他争议。以 Sanum 诉老挝（一）案为例，仲裁庭在管辖权决定中认为，如果其管辖权仅限于审理补偿额争议，则有关征收本身的争议（例如是否发生了征收）只能提交东道国法院，而根据中老 BIT 中的“岔路口条款”，投资者在将征收争议提交法院后，不得再将与征收补偿款额争议提交国际仲裁。因此，若仲裁庭管辖权不包括征收是否发生的争议，则会在实际上导致该协定中的仲裁条款无效。仲裁庭因此决定对该条款采取广义的解释。

在北京首钢等诉蒙古国案中，仲裁庭采取了狭义解释。2010 年，北京首钢矿业投资有限公司等三家中国企业就其与蒙古国政府的矿业投资争端，请求依照贸法会仲裁规则设立临时仲裁庭。这三家企业认为，蒙古政府撤销其矿业许可证的行为违反了 1991 年签订的《中华人民共和国政府和蒙古人民共和国政府关于鼓励和相互保护投资协定》（中国—蒙古 BIT）。2017 年 6 月，以国际法院捷克籍法官 Peter TOMKA 为首席仲裁员的仲裁庭做出管辖权裁决，裁定仲裁庭对本案无管辖权。仲裁庭给出的原因是，中国—蒙古 BIT 仅允许将“涉及征收补偿款额的争议”提交仲裁，而三家企业提出的仲裁请求涉及蒙古国是否实施了非法征收，相关争议只能由蒙古国内法院审理。而关于为何对相关条款作出狭义解释，仲裁庭认为，中国—蒙古 BIT 作出相关表述的目的是将管辖权限缩为仅包括与征收补偿额有关的争议，而结合上下文，“与征收补偿额有关的争议”指的是征收补偿金额是否与宣告征收时被征收的财产的价值相当的争议。至于如此解释会否导致中蒙 BIT 的仲裁条款（第 8.3 条）无效，仲裁庭认为，该条的含义是，在东道国已经宣告征收但争议双方对征收补偿款额无法达成一致时，当事人可以将补偿款额争议申请仲裁，这种争议实际发生的可能性大小并不能决定该条款有效还是无效。根据该案仲裁庭的解释，在根据“第一代 BIT”提起的国际投资仲裁中，如果东道国没有明确宣告征收（例如间接征收的情况），则中国投资者将很难获得救济。

由于中国签订的“第一代 BIT”多达约 70 个（占总数的约三分之二），“涉及征收补偿款额的争议”条款可能成为很多中国企业利用国际投资仲裁机制的障碍。除寄希望于在仲裁程序中说服仲裁庭采取广义解释外，企业可以考虑通过适当的国籍和投资路径筹划实现“条约挑选”（treaty shopping）的目的。当然，国籍筹划须注意满足拟挑选的条约的投资者定义、拒绝给惠等条款的要求，同时还应在争议发生之前完成。在争议已经显现之后再改变国籍，很可能被认定为“权利滥用”。例如，在Philip Morris公司诉澳大利亚案中，仲裁庭就认为，Philip Morris在东道国政府涉诉措施颁布之后，才为了取得香港投资者身份的目的进行重组，将其在澳大利亚的投资转让给香港子公司持有，构成权利滥用。

此外，北京城建诉也门案的管辖权决定至少在两个方面对于中国企业利用投资仲裁机制具有重要参考价值。第一，国有企业原则上属于ICSID公约第25（1）条项下的“另一缔约方的国民”，除非其在进行相关投资时系以政府代理人身份行事或者行使政府职能。第二，中国企业在境外承包的大多数工程建设项目很可能符合相关投资协定对投资的定义并属于ICSID公约下的投资。

四、中国国内的外商投资立法

2019年是中国外商投资立法史上具有划时代意义的一年。以《中华人民共和国外商投资法》的颁布为基础，国务院及相关部门颁布了一系列法规、规章和政策文件，共同进一步构建起开放、升级、宽严并济的外商投资体系。

（一）《外商投资法》及配套法规政策

1.《中华人民共和国外商投资法》

2019年3月15日，十三届全国人大二次会议表决通过了《中华人民共和国外商投资法》（以下简称《外商投资法》）。该法自2020年1月1日起施行，是中国第一部外商投资领域统一的基础性法律。改革开放之初，1979年召开的五届全国人大二次会议通过了《中华人民共和国中外合资经营企业法》，开启了中国通过立法保障对外开放的新阶段。之后相继制定了《中华人民共和国外资企业法》《中华人民共和国中外合作经营企业法》，共同组成了“外资三法”，奠定了中国利用外资的法律基础。《外商投资法》施行后，改革开放初期制定的“外资三法”将正式退出历史舞台。《外商投资法》在外资保护方面具有以下亮点：

（1）对外商投资准入实行负面清单管理制度

外商投资准入负面清单的管理制度是指对于负面清单规定禁止投资的领域，外国投资者不得投资；限制投资的领域，外国投资者进行投资应当符合负面清单规定的条件；负面清单以外的领域，按照内外资一致的原则实施管理。《外商投资法》对上述外资准入方面的结果以法律形式予以明确，并规定外商投资负面清单将由国务院发布或批准发布。

（2）坚持内外资一致

《外商投资法》施行后设立的外商投资企业，组织形式、组织机构及其活动准则均适用《中华人民共和国公司法》《中华人民共和国合伙企业法》等法律的规定，即实行内外资一致的原则。[①] 除了在企业治理等方面统一内外资适用法律之外，《外商投资法》还在诸多方面强调了内外资企业的平等待遇原则。外商投资企业将同等适用国家支持企业发展的各项政策，同等适用国家制定的强制性标准，依法通过公平竞争参与政府采购活动，其在中国境内生产的产品和提供的服务应被平等对待。

（3）保护知识产权

《外商投资法》的相关条款强调了对知识产权的保护。《外商投资法》第 22 条规定，国家保护外国投资者和外商投资企业的知识产权，保护知识产权权利人和相关权利人的合法权益；对知识产权侵权行为，严格依法追究法律责任。国家鼓励在外商投资过程中基于自愿原则和商业规则开展技术合作。技术合作的条件由投资各方遵循公平原则平等协商确定。行政机关及其工作人员不得利用行政手段强制转让技术。《外商投资法》第 23 条规定，行政机关及其工作人员对于履行职责过程中知悉的外国投资者、外商投资企业的商业秘密，应当依法予以保密，不得泄露或者非法向他人提供。《外商投资法》的上述规定体现了中国对外国投资者和外商投资企业开展知识产权保护的基本态度。

（4）完善对外商投资保护

《外商投资法》还规定了多个专门保护外商投资的条款。

征收补偿。《外商投资法》第 20 条规定，国家对外国投资者的投资不实行征收。在特殊情况下，国家为了公共利益的需要，可以依照法律规定对外国投资者的投资实行征收或者征用。征收、征用应当依照法定程序进行，并及时给予公平、合理的补偿。对照此前的“外资三法”，本法关于征收补偿的规定更为完善。例如，原《外资企业法》第 5 条规定的是：“国家对外资企业不实行国有化和征收；在特殊情况下，根据社会公共利益的需要，对外资企业可以依照法律程序实行征收，并给予相应的补偿。”

---

① 根据《外商投资法》第 42 条的规定，“外资三法”自《外商投资法》施行之日同时废止。《外商投资法》施行前依照“外资三法”设立的外商投资企业，在《外商投资法》施行后五年内可以继续保留原企业组织形式等，即给予了一个五年的过渡期。

利润自由汇出。《外商投资法》第21条规定，外国投资者在中国境内的出资、利润、资本收益、资产处置所得、知识产权许可使用费、依法获得的补偿或者赔偿、清算所得等，可以依法以人民币或者外汇自由汇入、汇出。

政府依法行政。《外商投资法》第24条规定，各级人民政府及其有关部门制定涉及外商投资的规范性文件，应当符合法律法规的规定；没有法律、行政法规依据的，不得减损外商投资企业的合法权益或者增加其义务，不得设置市场准入和退出条件，不得干预外商投资企业的正常生产经营活动。

政府履约。《外商投资法》第25条规定，地方各级人民政府及其有关部门应当履行向外国投资者、外商投资企业依法作出的政策承诺以及依法订立的各类合同。因国家利益、社会公共利益需要改变政策承诺、合同约定的，应当依照法定权限和程序进行，并依法对外国投资者、外商投资企业因此受到的损失予以补偿。

投诉机制。《外商投资法》第26条规定，国家建立外商投资企业投诉工作机制，及时处理外商投资企业或者其投资者反映的问题，协调完善相关政策措施。外商投资企业或者其投资者认为行政机关及其工作人员的行政行为侵犯其合法权益的，可以通过外商投资企业投诉工作机制申请协调解决，还可以依法申请行政复议、提起行政诉讼。

2.《中华人民共和国外商投资法实施条例》

2019年12月26日，国务院颁布《中华人民共和国外商投资法实施条例》（以下简称《实施条例》），自2020年1月1日起施行。《实施条例》严格贯彻外商投资法的立法原则和宗旨，更加突出促进和保护外商投资的主基调，增强制度的可操作性，保障法律有效实施。

（1）鼓励和促进外商投资

《实施条例》提出要保护外商投资合法权益，规范外商投资管理，持续优化外商投资环境，推进更高水平对外开放。《实施条例》第37条规定，外商投资企业的登记注册，由国务院市场监督管理部门或者其授权的地方人民政府市场监督管理部门依法办理。《实施条例》第34条规定，有关主管部门在依法履行职责过程中，对外国投资者拟投资负面清单内领域，但不符合负面清单规定的，不予办理许可、企业登记注册等相关事项。因此，市场监督管理部门在进行外商投资企业的设立和变更登记时，将一并审查是否属于负面清单领域，且是否符合负面清单的相关规定。这意味着长久以来在外商投资企业设立和变更过程中需要分别走商务部门审批 / 备案和市场监督管理部门登记等行政程序，基本简化为在市场监管部门实行“一站式”的审核 / 登记。这极大简化了外商投资企业设立和变更的程序，提升行政程序的效率，同时减轻投资者和企业的负担，应该是中国外商投资企业管理的一个非常重大和积极的变化，是将外商投资在中国的发展引入快车道的重要举措。

（2）细化外商投资促进具体措施

《实施条例》规定外商投资企业平等适用国家支持企业发展的有关政策，依法平等参与标准制定、政府采购活动；建立健全外商投资服务体系。以政府出台外商投资相关政策为例，《实施条例》第 7 条规定，与外商投资有关的规范性文件应当依法及时公布，未经公布的不得作为行政管理依据。与外商投资企业生产经营活动密切相关的规范性文件，应当结合实际，合理确定公布到施行之间的时间。进一步的，《实施条例》第 9 条要求政府及其有关部门应当通过政府网站、全国一体化在线政务服务平台集中列明有关外商投资的法律、法规、规章、规范性文件、政策措施和投资项目信息，并通过多种途径和方式加强宣传、解读，为外国投资者和外商投资企业提供咨询、指导等服务。

（3）加强外商投资保护力度

《实施条例》对外国投资者投资的征收补偿、禁止利用行政手段强制外国投资者和外商投资企业转让技术、保护商业秘密、外商投资企业投诉工作机制等作了细化，明确《外商投资法》第 25 条所称政策承诺的具体内涵和要求。

在《外商投资法》第 22 条明确国家保护外国投资者和外商投资企业的知识产权的基础上，《实施条例》第 23 条强调国家加大对知识产权侵权行为的惩处力度，持续强化知识产权执法，推动建立知识产权快速协同保护机制，健全知识产权纠纷多元化解决机制，平等保护外国投资者和外商投资企业的知识产权。2020 年 4 月 26 日，《中华人民共和国著作权法》修正案草案提请十三届全国人大常委会第十七次会议审议，其中一大看点就是引入了惩罚性赔偿制度，对于侵权行为情节严重的，可以适用赔偿数额一倍以上五倍以下的惩罚性赔偿。2019 年 4 月修正的《中华人民共和国商标法》已经明确规定了恶意侵犯商标权的惩罚性赔偿规则。中国知识产权立法的趋势是建立知识产权侵权的惩罚性赔偿制度，通过显著提高侵权成本，实现对知识产权的更有效保护。

针对外国投资者广为关注的强制技术转让问题，《实施条例》第 24 条明确规定，行政机关及其工作人员不得利用实施行政许可、行政检查、行政处罚或行政强制等手段，强制或者变相强制外国投资者、外商投资企业转让技术。《实施条例》第 43 条还进一步规定了行政机关及其工作人员利用行政手段强制或者变相强制外国投资者、外商投资企业转让技术的，对直接负责的主管人员和其他直接责任人员依法给予处分。上述规定旨在排除行政机关对中外合作方之间商业安排的不正当影响。在《外商投资法》公布后，《中华人民共和国技术进出口管理条例》也进行了修改。例如，删除了原第 27 条规定的“在技术进口合同有效期内，改进技术的成果属于改进方”，即以当事人双方意思自治为主，给予了技术进口合同自由协商更大的空间。

3.《最高人民法院关于适用〈中华人民共和国外商投资法〉若干问题的解释》

《最高人民法院关于适用〈中华人民共和国外商投资法〉若干问题的解释》(以下简称《外商投资法司法解释》) 于 2019 年 12 月 16 日由最高人民法院审判委员会第 1787 次会议通过，于 2020 年 1 月 1 日起施行。通过制定《外商投资法司法解释》，为市场化、法治化、国际化的改革方向提供优质高效法治服务和司法保障，努力打造内外资公平竞争的市场环境，依靠改善投资环境吸引更多外商投资。

《外商投资法司法解释》明确了投资合同的范围，即外国的自然人、企业或者其他组织，因直接或者间接在中国境内进行投资而形成的相关协议，包括设立外商投资企业合同、股份转让合同、股权转让合同、财产份额或者其他类似权益转让合同、新建项目合同等协议。《外商投资法司法解释》厘清了投资合同的法律效力：对负面清单之外的领域形成的投资合同，当事人以合同未经有关行政主管部门批准、登记为由主张合同无效或者未生效的，人民法院不予支持；对负面清单禁止领域内的投资合同，当事人主张投资合同无效的，人民法院应予支持；对于外国投资者投资负面清单规定限制投资的领域，只要在人民法院作出生效裁判前，当事人采取必要措施满足准入特别管理措施的要求，投资合同仍然可以认定有效。

《外商投资法司法解释》充分贯彻了扩大开放、平等保护中外投资者合法权益的精神。主要体现在：第一，对负面清单之外的领域形成的投资合同，当事人以合同未经有关行政主管部门批准、登记为由主张合同无效或者未生效的，人民法院不予支持；第二，即便是外国投资者投资负面清单规定限制投资的领域，只要在人民法院作出生效裁判前，当事人采取了必要的补正措施，投资合同仍然可以认定有效；第三，即便在投资合同签订时未符合负面清单的要求，但在生效裁判作出前，负面清单调整放宽了限制性要求的，投资合同也可以认定有效。《外商投资法司法解释》通过这些制度设计，在依法维护和保障外资管理秩序的前提下，尽可能促进投资合同有效，最大限度地保障投资者的合法权益。

（二）其他促进外商投资的政策

2019 年 10 月 30 日，国务院印发《关于进一步做好利用外资工作的意见》，提出了 4 个方面共 20 条政策措施，就外资保护方面主要包括以下两点：第一，深化投资便利化改革。降低资金跨境使用成本，提高外籍人员来华工作便利度，优化外资项目规划用地审批程序。第二，保护外商投资合法权益。全面贯彻外商投资法，建立健全外商投资企业投诉受理机构，强化监管政策执行规范性，提高行政规范性文件制定透明度，发挥知识产权司法保护重要作用，完善知识产权保护工作机制，鼓励外商投资企业参与我国医疗器械、食品药品等标准制定，保障供应商依法平等参与政府采购。

五、中国国内与投资争端有关的争议解决

（一）行政诉讼

外商投资企业作为在中国注册成立的法人或组织，可以依法提起行政诉讼，自不待言。根据《行政诉讼法》第 98 条、第 99 条的规定，外国投资者认为行政机关和行政机关工作人员的行政行为侵犯其合法权益时，也有权依据本法向中国法院提起行政诉讼。《最高人民法院关于适用〈中华人民共和国行政诉讼法〉的解释》第 16 条对中外合资、合作企业的外国投资者的诉讼权利提供了更具体的保障，可以在认为合资、合作企业权益或者自己一方合法权益受行政行为侵害时，以自己的名义提起诉讼。2019 年新颁布的《外商投资法》第 26 条第 3 款再次对外商投资企业以及其投资者提起行政诉讼的权利予以确认。

事实上，行政诉讼不仅是中国国内法体系下外资企业保护其合法权益的重要方式，还与国际投资仲裁紧密关联。很多双边投资协定均规定了“岔路口条款”（或具有相似功能的“弃权条款”等），即投资者可以在东道国法院和国际投资仲裁中选择一种方式解决投资争端，且该种选择具有终局性。中国对外签订的双边投资协定中约有 70 个规定了类似条款（另外一些 BIT 规定了在法院诉讼和投资仲裁中进行选择，但没有明确规定该选择的终局性）。例

如，中国—法国双边投资协定。[①] 如果投资者选择在国内法院提起诉讼，则不得再诉诸国际仲裁。

我们暂未见到有关2019年度或以前年度外商投资企业或其投资者提起行政诉讼情况的统计分析，但根据已经公开的裁判文书，可以看出外商投资企业针对商标注册、[②] 行政许可、[③] 清算程序、[④] 关税 [⑤] 等类型的行政纠纷，向中国法院提起了诉讼。在中国裁判文书网上，选择"行政案由"并以"外商投资企业"作为关键词，可以检索到4116份裁判文书，其中2019年有1489份。我们认为，对这些行政诉讼案件进行统计分析，对于掌握外商投资企业或其投资者与行政机关之间的纠纷类型及其成因，进而化解潜在的国际投资争端具有参考价值。

此外，在2019年由中国法学会行政法学研究会等单位组织评选的"推动中国法治进程十大行政诉讼典型案例" [⑥] 中，泰国贤成两合公司与深圳市相关部门之间的行政纠纷案入选。该案件涉及企业破产清算、土地使用权变更、公司注销登记等问题，被称为《行政诉讼法》实施后的"行政诉讼第一案""中国行政诉讼的活化石"，对于确立行政行为正当程序的理念具有开创意义。[⑦]

---

① 《中华人民共和国政府和法兰西共和国政府关于相互促进和保护投资的协定》第7条规定，一旦该投资者将争议递交给作为争议一方的缔约方国内有管辖权的法院，或者根据联合国国际贸易法委员会仲裁规则设立的专设仲裁庭，或者"解决投资争端国际中心"，则其三选一的选择将是终局的。

② 例如，国家工商行政管理总局商标评审委员会等与潍坊雷克兰劳保用品有限公司二审行政判决书，（2019）京行终2716号。

③ 例如，王秀群、武汉天九工贸发展有限公司经贸行政管理（内贸、外贸）再审审查与审判监督行政裁定书，（2019）最高法行申3922号。

④ 例如，澳大利亚庄臣有限公司、广州市商务委员会再审审查与审判监督行政裁定书，（2018）粤行申1459号。

⑤ 例如，克莱斯勒（中国）汽车销售有限公司与中华人民共和国海关总署等一审行政裁定书，（2016）京02行初480号。

⑥ 相关新闻报道，请参见：http://www.court.gov.cn/zixun-xiangqing-149262.html，最后访问时间：2020年7月7日；http://www.legaldaily.com.cn/index_article/content/2019-04/01/content_7816659.htm，最后访问时间：2020年7月7日。

⑦ 泰国贤成两合公司、深圳贤成大厦有限公司诉深圳市工商行政管理局、深圳市招商局注销登记案，（1997）行终字第18号；王敬波：《贤成大厦案：中国行政诉讼的活化石》，载《中国法律评论》2019年第2期。

（二）行政复议

外商投资企业作为在中国注册成立的法人或组织，可以依法申请行政复议，自不待言。根据《行政复议法》第41条的规定，外国投资者认为具体行政行为侵犯其合法权益，也可以依据本法向行政机关提起行政复议。2019年的《外商投资法》第26条第3款对此再次予以明确。

行政复议同样在国际仲裁投资中扮演着重要角色。一些双边投资协定将行政复议约定为将争端提交国际投资仲裁的前置条件，只有在完成国内行政复议程序的情况下，才可将争端提交国际仲裁庭。在中国对外签订的双边投资协定中，约40个协定含有类似要求（在某些协定中，仅中国单方面作此要求），例如《中华人民共和国和西班牙王国关于促进和相互保护投资协定的议定书》。[①]

我们暂未见到有关2019年度或以前年度外商投资企业或其投资者申请行政复议的统计分析。从具体案例来看，行政复议在解决外资企业与行政机关之间的纠纷中发挥了重要作用。例如，2019年上海市司法局发布了上海市首批十大涉外法律服务经典案例，其中包括美国某汽车制造商在中国的子公司就海关关税提起行政复议的案件。该案中，某直属海关认定该公司整车进口后开展的售后服务费用应当计入进口整车的完税价格，据此追征税款及滞纳金4亿多人民币。经过行政复议，海关总署认定直属海关的具体行政行为在法律逻辑上欠考虑，要求其重新作出《稽查结论》和《补税告知书》。此后，该公司仍然不服，又提起第二轮行政复议，最终以北京市第二中级人民法院作出裁定，双方和解结案。[②]

同样的，我们认为，对外商投资企业或其投资者申请行政复议的案件进行统计分析，对于掌握外商投资企业或其投资者与行政机关之间的纠纷类型及其成因，进而化解潜在的国际投资争端具有参考价值。

---

① 《中华人民共和国和西班牙王国关于促进和相互保护投资协定的议定书》关于第9条："西班牙王国注意到中华人民共和国的声明，其要求有关的投资者将争议提交第九条第二款第（二）项和第（三）项所规定的仲裁程序之前应当用尽中华人民共和国的法律法规规定的当地行政复议程序。中华人民共和国声明，完成该程序的最长期限为三个月。"

② 相关新闻报道，请参见：http：//www.acla.org.cn/article/page/detailById/24752，最后访问时间：2020年7月7日。

（三）投诉协调

如前所述，《外商投资法》第26条首次以法律的形式在全国层面建立外商投资企业投诉工作机制。随后，国务院颁布《外商投资法实施条例》，在第29到第31条中对投诉工作机制的相关规定进一步细化。商务部正在制定《外商投资企业投诉工作办法》。

事实上，早在1989年，上海市已经率先出台了《上海市外商投资企业投诉及处理办法》。此后，各地其他省市陆续颁布类似规定，例如1994年《福建省外商投资企业投诉办法》、2005年《浙江省外商投资企业投诉处理暂行办法》等。①2006年，商务部颁布全国层面实施的《商务部外商投资企业投诉工作暂行办法》。

2019年《外商投资法》颁布后，部分省市出台配套措施或对原规定作出修订，其中，省级政府的制定和修改情况如下：

- 2019年4月，天津市对《天津市外商投资企业投诉服务工作联席会议制度》进行修订，变更为《天津市外商投资权益保护工作联席会议制度》。②
- 2019年4月，贵州省对《贵州省外商投资企业投诉及处理办法》作出修改。③
- 2019年4月，陕西省开始制定《陕西省外商投资企业投诉受理工作实

---

① 目前可公开检索到的《外商投资法》颁布前出台之前已经制定的省级规定包括：《上海市外商投资企业投诉及处理办法》《福建省外商投资企业投诉办法》《贵州省外商投资企业投诉及处理办法》《湖南省外商投资企业投诉及处理办法》《辽宁省外商投资企业投诉办法》《吉林省外商投资企业投诉处理暂行办法》《河南省外商投诉处理办法》《山西省外商投资企业投诉处理办法》《浙江省外商投资企业投诉处理暂行办法》《河北省外商投诉处理办法》《云南省外商投资企业投诉中心投资工作办法》《广东省外商投资企业投诉处理服务办法》等，此外，还有很多市、区颁布类似规定，例如：1998年《青岛市外商投资企业投诉受理及处理办法》《西安市外商投资企业投诉处理办法》《顺义区外商投资企业投诉处理办法》《新余市外商投资企业投诉工作办法》等。

② 请参见商务部网站：http://www.mofcom.gov.cn/article/h/zongzhi/201904/20190402851300.shtml，最后访问时间：2020年7月7日。

③ 请参见贵州省政府网站：http://www.guizhou.gov.cn/zwgk/zcfg/szfwj_8191/qfbh_8197/201904/t20190423_2433954.html，最后访问时间：2020年7月7日。

施细则》。[①]

- 2019 年 9 月，甘肃省颁布《甘肃省外商投资企业投诉处理工作办法》。[②]
- 2019 年 12 月，北京市颁布《北京市外商投资企业投诉工作管理办法》，在市商务局设立外商投诉协调机构，市投资促进服务中心设立外商投诉受理机构，并由各区人民政府设立区级外商投诉受理机构。[③]
- 2019 年 12 月，广东省对《广东省外商投资企业投诉处理服务办法》作出修改。[④]

各地区在投诉协调机构设置和工作流程等方面均有所差异。例如，有些地区分别设立“投诉受理”和“投诉协调”机构，有些地区的“投诉受理”机构兼具协调职责；又如，各地区受理、处理企业投诉的时限规定不尽相同。

我们暂未见到全国层面或各地对于 2019 年度投诉协调工作的统计分析，但根据过往统计，可以大致了解到全国不同地区外资企业投诉协调的情况。例如，上海市作为最早制定外商投诉政策的地区，2002 年已建立有 37 个投诉分中心，全年受理案件 180 件，结案 151 件，结案率 83.9%。[⑤]河南全省至 2015 年已在全部 18 个省辖市成立了政府外商投诉中心，2010—2014 年，受理境外投资者投诉 191 起。[⑥]江西省外商投诉中心于 1996 年成立，截至 2004 年，8 年期间共接到外商投诉 79 件，办结 77 件，办结率为 97.5%，外

① 请参见陕西省政府网站：http：//sxdofcom.shaanxi.gov.cn/newstyle/pub_newsshow.asp?id=29037304&chid=100192，最后访问时间：2020 年 7 月 7 日。

② 请参见甘肃省政府网站：https：//swt.gansu.gov.cn/content-111fb9c05b6d4ea7bce982f76106ca79.htm，最后访问时间：2020 年 7 月 7 日。

③ 请参见北京市政府网站：http：//www.beijing.gov.cn/zhengce/zhengcefagui/201912/t20191217_1243867.html，最后访问时间：2020 年 7 月 7 日。

④ 请参见广东省政府网站：http：//www.gd.gov.cn/zwgk/wjk/qbwj/yfl/content/post_2719158.html，最后访问时间：2020 年 7 月 7 日。

⑤ 请参见上海市政府网站：http：//www.sh.gov.cn/nw2/nw2314/nw24651/nw13107/nw13373/u21aw85342.html，最后访问时间：2020 年 7 月 7 日。

⑥ 除受理国外投资者投诉外，河南省外商投诉中心还受理了省外投资者投诉 134 起，以及台商投诉 21 起。请参见商务部网站：http：//www.mofcom.gov.cn/article/resume/dybg/201506/20150601008657.shtml，最后访问时间：2020 年 7 月 7 日。

商对办结案件的满意率为98%。[①]宁波市的外商投资企业投诉协调中心于1994年成立，成立第一年即受理46起案件，投资者来自10余个国家和地区。[②]

作为灵活、高效的争议解决方式，投诉协调可以在化解潜在国际投资争端方面发挥作用。同时，如何增强投诉协调的实效性，如何处理投诉协调与行政复议、行政诉讼之间的关系，如何处理外资与内资在此方面待遇不一致等，需要在实践中妥善处理。

（四）与争端解决有关的其他途径

1. 外商投资企业商会 / 协会

2019年《外商企业投资法》并没有直接说明商会 / 协会具有纠纷处理职能，但其表示协会 / 商会可依照法律法规和章程的规定开展相关活动，维护会员的合法权益。[③]实践中，许多协会 / 商会的章程都明确规定，该机构提供的服务事项包括受理会员投诉。比如，《山东省外商投资企业协会章程》第6条第3款规定，协会业务范围包括“调查了解会员的情况和问题，接受会员投诉，向政府有关部门反映会员和投资者的意见及要求，并提供法律服务”。[④]此外，虽然中国外商投资企业协会的章程中没有涉及投诉工作机制的内容，[⑤]但其2019年度工作计划专门将“参与投诉受理工作机制”和“受理并协助解决企业投诉”列为计划事项。[⑥]

2. 外商投资企业服务大使

山东省建立了外商投资企业服务大使制度，其职责涵盖受理投诉、调解

---

① 相关新闻报道，请参见：http：//news.sohu.com/2004/02/19/59/news219135978.shtml，最后访问时间：2020年7月7日。

② 冯军：《维护外商合法权益——宁波市外资企业投诉中心一年来处理纠纷案四十六件》，载《中国外资》1995年第8期。

③ 《外商企业投资法》第27条规定，外商投资企业可以依法成立和自愿参加商会、协会。商会、协会依照法律法规和章程的规定开展相关活动，维护会员的合法权益。

④ 请参见山东省外商投资企业协会网站：http：//swxxw.org.shy08.ctrl.net.cn/html/guanyuwomen/xiehuizhangcheng/，最后访问时间：2020年7月7日。

⑤ 请参见中国外商投资企业协会网站：http：//caefi.mofcom.gov.cn/article/av/201601/20160101235175.shtml，最后访问时间：2020年7月7日。

⑥ 请参见中国外商投资企业协会网站：http：//caefi.mofcom.gov.cn/article/cz/tongzgg/201902/ 20190202837969.shtml，最后访问时间：2020年7月7日。

纠纷。截至2019年7月，山东全省共有2685名服务大使，覆盖1.4万多家外商投资企业，覆盖率超过90%。各市服务大使一般由从事过经济工作的人员担任，在接受外资投诉方面，可以在接到投诉后直接处理，如不能处理则及时上报。2019年的典型案例包括：（1）济宁伊顿四期项目，由于区域受限无法按期进行环评，接到企业诉求后，山东省和济宁市及时协调环保部门，及时进行了环评，最终使项目按时开工；（2）先马士项目，企业的投诉反映到省里后，山东省商务厅联系律师一起到现场及时调节纠纷，缓解了矛盾；（3）大宇造船海洋（山东）有限公司通过服务大使、烟台市投资促进中心解决了根据《港口建设费征收使用管理办法》的规定适用相关优惠政策的问题。[①]

六、中国与投资者—国家争端解决机制（ISDS）规则修订和改革

（一）ISDS规则修订和改革进展

1. ICSID仲裁规则修订

国际投资争端解决中心（ICSID）于2016年10月正式启动了ICSID仲裁规则的修订工作，这是其继1984年、2003年和2006年后第四次进行仲裁规则的修订，也是迄今为止最广泛的一次修订。此次修订旨在对该规则进行精简并使之现代化，减少程序时间和费用，利用新技术减少案件对环境的影响，以及保持国家和投资者利益之间的平衡。目前，ICSID收到了广泛的建议，包括：提高进行程序及其结果的透明度，披露第三方资助，要求仲裁员、调解员、调停员和临时委员会成员作出更多的独立性和公正性声明，通过使用快速仲裁规则为当事人提供加速程序的选项。在各国和公众广泛协商与讨论的基础上，目前为止，ISDS改革的主要成果包括在不同阶段拟制而成的四份工作文件。

2018年8月，ICSID在第一版工作文件（Working Paper #1：Proposals for Amendment of the ICSID Rules）中公布了对规则的第一套完整的规则修订建议，其主要内容包括提高仲裁效率、新增仲裁通用规则、披露第三方资助、改进仲裁员回避制度、增加仲裁透明度、完善临时措施制度。

---

① 请参见商务部网站以及新闻报道：http：//www.mofcom.gov.cn/article/resume/dybg/201907/20190702884335.shtml，最后访问时间：2020年7月7日；https：//www.tfzx.net/article/1911696.html，最后访问时间：2020年7月7日。

2019 年 3 月，ICSID 发布了第二版工作文件（Working Paper #2: Proposals for Amendment of the ICSID Rules）。文件中包含了一些旨在减少仲裁的时间和费用的举措，例如当事人可以选择速裁程序、默认使用电子文档以及加强仲裁庭对案件的管理。提案还涉及规则修订工作开展以来各国、法律专业人士和其他利益相关方提出的一系列议题，其中包括透明度问题、第三方资助披露问题、仲裁员的独立性和公正性问题。

2019 年 8 月，ICSID 发布了第三版工作文件（Working Paper #3: Proposals for Amendment of the ICSID Rules）。工作文件三延续了前两份工作文件的内容，包含了更新的仲裁、协商、调解和事实调查规则草案，以及关于拟议修订理由的评论。

2020 年 2 月，ICSID 发布了第四版工作文件（Working Paper #4: Proposals for Amendment of the ICSID Rules）。该文件包含了在 2019 年 8 月发布的上一份工作文件中的增加部分，包括在 2019 年 11 月与 ICSID 成员国进行为期一周的磋商期间交换的反馈。

上述文件展现了 ICSID 致力于完善 ISDS 的努力，但从总体上来看，修订提案更大程度上是对现有规则的局部调整，而非系统性、全面性的改革。

2. 贸法会 ISDS 改革

联合国国际贸易法委员会（贸法会）一直致力于各种国际商业规则的协调和现代化。继《投资人与国家间基于条约仲裁透明度规则》及《毛里求斯透明度公约》出台后，2017 年，贸法会第三工作组正式就投资人与国家间争议解决制度的可能改革展开了讨论。在 2019 年，第三工作组总共召开了两届关于 ISDS 改革的专题会议。

依据贸法会大会的要求，ISDS 改革进程分为三个阶段。第一阶段是对于 ISDS 现状进行分析，以总结当前 ISDS 的主要不足之处；第二阶段则探讨是否存在对于 ISDS 进行改革的必要；第三阶段则是，如果认为有必要改革现行 ISDS 体制，则提出可行的解决路径。[①] 总体而言，贸法会的 ISDS 改革进程应当由成员国主导，以充分反映成员国的关注。到目前为止，第一阶段和第二阶段均已经完成。成员国认为，当前的 ISDS 体制存在重大缺陷，有必要对其进行改革。贸法会总结了改革的主要方面包括：

① 《大会正式记录，第七十二届会议，补编第 17 号》（A/72/17），第 264 段。

设立多边咨询中心
设立独立的上诉机制/常设机构
设立独立的多边投资法院（含一审及上诉机制/常设机构）
改进仲裁员遴选及回避的规定
强化仲裁员行为准则
加强条约缔约方（对条约解释等）控制
增强国家对仲裁程序的参与（如设立相关机制）
加强仲裁替代解决方案（调解、谈判等）
强化使用当地救济
加强关于早期驳回等程序改进
平行程序、投资者损失索赔、国家反请求等
快速程序
仲裁费用的分担与担保
加强仲裁程序的效率的降低费用的手段与工具
第三方资助问题

到目前为止，贸法会第三工作组已经召开了多次会议：

- 第34届会议于2017年11月27日至12月1日举行，会议充分审议了关于仲裁程序、透明度、其他程序以及结果的协调性和一致性的关切。
- 第35届会议于2018年4月23日至27日举行。工作组进一步讨论了投资争议解决结果的协调性和一致性问题，并形成了关于可能解决办法的初步意见。工作组还对涉及投资争议解决程序指定仲裁员和裁定人以及道德要求的关切进行了审议。最后，工作组审议了国家、投资人和公众对于投资争议解决的观念问题。
- 第36届会议于2018年10月29日至11月2日举行，工作组着手审议了与投资争端法庭仲裁裁定缺乏一致性、连贯性、可预测性和正确性有关的关切、与仲裁员和裁定人有关的关切以及与投资争端案件费用和延续时间有关的关切。
- 第37届会议于2019年4月1日至5日举行，会议专门讨论了：（一）审议就第三方资助所涉关切进行改革是否可取；（二）确定任何其他关切事项；（三）作为履行其第三阶段任务的一部分，审议可促进拟制订的工作计划的现有选项以及就工作计划提出的建议。

- 第38届会议于2019年10月14日至18日举行，会议主要讨论的改革主题包括：设立投资争端咨询中心、制定投资争端法庭成员行为守则以及第三方资助。2020年1月20日至24日举行了第38届会议续会，讨论了上诉机制、投资法庭、仲裁员遴选和指定等改革方案。

（二）中国关于ISDS改革的建议及应对

中国已成为双向投资大国，尤其随着“一带一路”倡议的推进，我国对外投资的趋势在日益增强，涉华投资争端数量亦在日益增长，中国的身份正从传统意义上的东道国开始向投资母国转变。当下的中国不仅要“走出去”“走进去”“走上去”，更要“回得来”，有必要考虑增进自身利益并兼顾各方关切，因此就必须对潜在的投资争端解决问题予以高度关注和预先准备。这不仅是解决潜在争端的必要准备，同时是ISDS机制变革背景下国际投资法领域构建中国话语权的必由之路。我国在参与ISDS机制的改革过程中，应准确把握自身定位，全面审视现有国际投资规则与国内的关系，在各种利益价值之间做好取舍与安排，向国际社会提供一份真正具有中国特色的、符合中国利益的中国方案。在ISDS改革方面，我国积极参加了ICSID规则改革贸法会第三工作组的讨论的相关工作。

2019年7月，中国政府向贸法会第三工作组提交了关于ISDS改革的立场文件。此份文件比较系统地阐述了中方对于ISDS机制的看法和建议，也体现了中国对改革中热点问题的关注。立场文件共分为四个部分。

第一部分介绍了此份立场文件的背景情况。中国认为ISDS机制对于保护外国投资者权益、促进跨国投资，乃至国际投资治理的法治化建设发挥了重要作用，因而总体上是一个值得维护的机制；中国欢迎第三工作组关于ISDS机制的改革动议，中国政府一直坚定奉行多边主义，积极促进“一带一路”国际合作，推动建设开放型世界经济，秉持共商共建共享的全球治理观，推动建设相互尊重、公平正义、合作共赢的新型国际关系。

第二部分列举了ISDS机制存在的主要问题。中国认为，需要重点关注的问题包括：仲裁裁决缺乏合适的纠错机制；仲裁裁决缺乏稳定性与可预期性；仲裁员的专业性与独立性受到质疑；第三方资助影响当事方权利平衡；期限冗长和成本昂贵。

第三部分列举了中国提出的主要改革要素。中国认为，此次改革应当弥补现行投资争端解决机制的主要缺陷，促进国际投资领域的法治化进程。改革方案既要维护东道国的合法监管权，又要保护投资者权益，增强争端当事方对投资者与国家间争端解决机制的信心。中国对完善 ISDS 机制的可能方案持开放态度，为此，目前可以考虑的方案包括但不限于以下方面：

1. 设立常设上诉机制，并明确相应程序、机构和人员。

2. 保留当事方指定仲裁员的权利。

3. 完善与仲裁员有关的规则，包括仲裁员的资质、遴选和回避程序等。

4. 采用替代性争端解决措施，积极探索建立更加有效的投资调解机制。

5. 纳入仲裁前 3 个月至 6 个月的磋商程序，明确磋商主体为投资者和东道国的中央政府，并将磋商规定为双方的强制性义务。

6. 规定第三方资助的透明度纪律。相关方应持续披露有关资助情况，避免仲裁员和第三方资助者之间发生直接或间接的利益冲突。如未履行披露义务，应明确相关方承担的法律后果。

第四部分提出了中国对推进第三工作组工作进程的建议，中国支持各成员国在贸法会项下通过多种方式推进改革进程，也支持贸法会与其他国际组织就此问题进行合作，并认为贸法会第三工作组同时考虑所有问题和解决方案建议是一个能够兼顾各方需求的务实安排，但需要在程序上保留一定灵活性，避免忽视部分重要的改革方案建议。

立场文件反映了中国对于 ISDS 改革的支持立场和积极态度，其聚焦的几个问题及解决方案与 ISDS 的改革重点（即裁决的一致性，仲裁员的独立性与公正性，透明度以及诉讼费用和期限等）相吻合。

此外，中国政府也积极参与了 ICSID 仲裁规则的修订。除派代表团参与 ICSID 的成员国大会及地区性会议外，也对修订提案的具体条款做出过评析和建议，其中部分观点已被更新后的工作文件所采纳。例如，关于合并仲裁请求问题，ICSID 在第一版工作文件（*Working Paper #1*）中纳入了由仲裁庭下令进行的强制合并规定（AR 38 之二），这一规定在第二版（*Working Paper #2*）和第三版（*Working Paper #3*）工作文件中已被删去，仅保留了自愿合并。这与中方的意见是一致的。在披露第三方资助的范围方面，现行的修订提案中仍然保留了有限披露的原则，这与中国所坚持的强制而广泛披露的立场有一定区别，此类问题有待进一步观察和研究。

七、中国仲裁机构、仲裁员和律师参与投资仲裁

（一）中国仲裁机构积极开拓投资仲裁暨北仲《国际投资仲裁规则》

近年来，中国仲裁机构积极开拓国际投资仲裁业务。2019 年的标志性事件是北京仲裁委员会（北仲）于 2019 年发布了《北京仲裁委员会 / 北京国际仲裁中心国际投资仲裁规则》(《北仲规则》)。此外，中国国际经济贸易仲裁委员会（贸仲）于 2019 年牵头成立了“中国国际投资仲裁常设论坛”[①]，并举办了首届“贸仲杯国际投资仲裁赛”[②]。北仲和贸仲还分别与国际商事仲裁理事会（ICCA）合办了 ISDS 机制改革研讨会和投资仲裁实务问题研讨会。[③] 下文简要介绍《北仲规则》的内容和特点。

1.《北仲规则》的主要内容

《北仲规则》包括正文和六个附录。正文共六章、54 条。六个附录分别是收费表、建议时间表、快速程序、紧急仲裁员程序、上诉程序规则及适用《贸法会仲裁规则》程序指引。

第一章为“一般条款”，本章规定了仲裁机构、适用范围、放弃豁免和异议以及仲裁参与各方的行为准则等内容。

第二章为“启动仲裁”，本章规定了仲裁通知、对仲裁通知的答复和合并仲裁等内容。

第三章为“仲裁庭”，本章规定了仲裁员的资质要求、指定或选定仲裁员、仲裁庭的组成、仲裁员的披露义务、回避及替换、仲裁庭秘书等问题。

第四章为“仲裁程序”，本章包括对仲裁程序的一般规定、通行程序及特殊程序。其中通行程序包括工作程序和时间表、仲裁地、仲裁语言、代理人、

---

① 该常设论坛由贸仲和西安交通大学法学院倡议发起，联合厦门大学法学院、武汉大学法学院、复旦大学法学院、对外经贸大学法学院、中国人民大学法学院、中国政法大学国际法学院等六家高校和中伦律师事务所、环中律师事务所、环球律师事务所、瑛明律师事务所等四家律所共同创办。见中国贸促会网站：http: //www.ccpit.org/Contents/Channel_4132/2019/0225/1130307/content_1130307.htm，最后访问时间：2020 年 7 月 7 日。

② 见中国贸促会网站：http: //www.ccpit.org/Contents/Channel_4132/2019/0225/1130304/content_1130304.htm，最后访问时间：2020 年 7 月 7 日。

③ 分别见中国贸促会网站：http: //www.ccpit.org/Contents/Channel_4132/2019/0522/1168687/content_1168687.htm，最后访问时间：2020 年 7 月 7 日；北仲网站：www.bjac.org.cn/news/view?id=3451，最后访问时间：2020 年 7 月 7 日。

书面陈述、开庭审理、缺席审理、证据、证人、仲裁庭指定的专家、仲裁程序的中止、撤回请求和撤销案件、审理终结等内容，特殊程序包括管辖权异议、先期驳回、临时措施和紧急仲裁员、第三方陈述、调解、第三方资助等内容。

第五章为“仲裁裁决”，本章包括关于适用法律规则的规定，并依次对仲裁裁决的作出、和解、裁决的更正和解释、补充裁决以及裁决的上诉等作出了规定。此外还包含了关于仲裁费用的规定。

第六章为“最终条款”，本章对送达和期限、仲裁透明度、免责、规则的解释、规则的正式文本及规则的生效日期等作出规定。

2.《北仲规则》的特色和创新

较之于当前的国际投资仲裁规则，《北仲规则》在多个方面体现了特色和创新，主要包括以下：

一是兼容机构仲裁和临时仲裁。规则的主体部分是机构仲裁，即北仲作为仲裁机构依照规则受理依据投资条约、投资协议等提交仲裁的国际投资争端。同时，规则第2条和附录六对北仲受理适用《贸法会仲裁规则》的仲裁和为适用《贸法会仲裁规则》的临时仲裁提供仲裁管理服务制定了程序指引。

二是引入纠错机制，增强裁决的正确性和一致性，尤其是上诉机制。目前，无论是ICSID仲裁撤销机制还是《纽约公约》的仲裁裁决审查机制（适用于非ICSID投资仲裁）一般只允许对于仲裁程序问题进行审查。这导致裁决的实体错误难以得到纠正，影响裁决的一致性和可预见性。上诉机制被认为是完善投资仲裁“纠错”机制和增强投资仲裁裁决一致性的有效方式之一。近年来，欧盟与一些国家缔结的投资协定已纳入上诉机制；贸法会目前正在审议的投资争端解决机制改革议题也已将上诉机制作为重要议题。目前尚无专门性投资仲裁规则对上诉机制作出明确规定。规则首次引入了上诉机制，为国际投资仲裁纳入上诉机制探索路径。规则的上诉机制的核心在于任择性和限定性。首先，上诉程序并非强制，只有在各方当事人均同意的情况下方可提起，时间与经济成本由当事人承担。其次，上诉事由仅可基于法律适用或解释错误、明显且严重的事实认定错误或缺乏管辖权而提起，既可发挥纠错作用，又防止被当事人滥用。上诉机制不影响可适用的裁决撤销机制。除上诉机制外，规则还要求仲裁庭将裁决稿发送给当事人，当事人可以就裁决稿的特定方面发表评论意见。这在一定程度上也可起到纠错的作用。

三是提高仲裁效率，降低仲裁费用。时间长、费用高是现行投资仲裁机制受到诟病的重要方面。规则多方面提高仲裁效率、降低仲裁费用。第一，对于普通程序，规则要求仲裁庭原则上应当在组庭后24个月或30个月（后者适用于分阶段审理的案件）内作出裁决（第19条）。附录二还拟订了仲裁程序的建议时间表，对每个阶段提出了建议的最长期限。第二，规则允许将管辖权异议作为先决问题分阶段审理，并规定了先期驳回程序，以减少不必要的仲裁费用支出。第三，规则引入了快速程序（第38条和附录三），明显加快仲裁程序，显著减少仲裁费用。第四，规则规定仲裁文件原则上均以电子送达作为送达方式（第49条），将节省双方当事人大量时间，并体现环保理念。第五，确定合理的投资仲裁案件登记费、管理费收费标准和仲裁员报酬标准。值得说明的是，规则尽量缩短组庭后各阶段的期限，但对于组庭前的期限则相对宽松。例如，对于被申请人对仲裁通知的回复仅规定了最低限度的必备内容（主要是被申请人的联系方式等信息）（第6条），仲裁当事人有60天时间选定仲裁员（第10条），一方当事人未能如期选定仲裁员时仲裁机构并不会立即并主动指定仲裁员（须待另一方当事人提出请求后才可指定）等。这些规定给作为被申请人的国家提供了较充足的时间来评估案件、选定代理人和仲裁员。

四是适当增强投资仲裁的透明度。透明度不足是投资仲裁受到批评的重要原因。目前，国际社会对于增强投资仲裁透明度达成了一定共识。特别是贸法会于2014年通过了《贸法会透明度规则》，并通过《毛里求斯公约》扩展其适用范围。规则在透明度问题上也有所创新。一方面，规则就庭审公开（第24条）、第三方参与仲裁（第36条）和仲裁裁决等重要文件的公开（第50条第2款）等具体问题做了直接规定。另一方面，规则也允许当事人通过仲裁协议（表现为投资条约、投资协议等形式）约定仲裁程序的公开程度，允许当事人协商决定适用《贸法会透明度规则》（第50条第1款）的相关规定，以进一步提升透明度。

五是对仲裁员的资质和行为准则提出了更高要求。投资争端案件的裁判者应具备何种资质和应遵循何种行为准则是国际社会对于现行投资争端解决机制的重点关切之一。欧盟为此提议设立常设投资法庭，贸法会也开始对此进行讨论。作为机构仲裁规则，规则在可能的范围内对仲裁员的资质和行为准则提出了相对较高的要求。例如，规则要求仲裁员应具备公认的法律知识（特别是国际公法知识）、仲裁员必须有充足的时间和精力审理案件等（第8条）。

此外，规则对于第三方资助等其他问题专门做出了规定，以回应国际社会的关切。值得一提的是，与ICSID规则修订提案相比，本规则进一步扩大了第三方资助需要披露的范围（第39条第2款），即要求充分披露第三方资助人是否曾承诺承担对该方当事人不利的费用责任，并专门提及了针对“实际控制人”的披露。

（二）中国国民担任投资仲裁案件仲裁员/撤裁委员会委员的情况

根据《关于解决国家与其他国家国民之间投资争端公约》（1965年《华盛顿公约》）第12条、第13条，ICSID设立仲裁员名册，每个缔约国可指派至多4名仲裁员和至多四名调解员，ICSID行政理事会主席可指派10名仲裁员。根据公约第14条，受指派人员应具有高尚的道德品质，并且在法律、商务、工业或金融方面有公认的能力，他们可以被信赖作出独立的判断。对列入仲裁员名册的人员而言，在法律方面的能力尤其重要。

作为ICSID成员国，在最新一批名单中，中国指派了香港特别行政区律政司司长郑若骅（Teresa CHENG）女士、贸仲副秘书长李虎、北京环中律师事务所合伙人王雪华律师、北京张玉卿律师事务所主任张玉卿律师担任仲裁员，指派了外交学院卢松教授、西安交通大学单文华教授、对外经贸大学法学院院长石静霞教授、澳门科技大学法学院院长曾华群教授担任调解员。[①] 此外，清华大学张月姣教授受理事会主席指派列入仲裁员名册。[②]

2019年度，张月姣教授在Victor Pey Casado and President Allende Foundation诉智利案[③]的第二轮撤裁程序中担任撤裁委员会委员，该案件第二轮撤裁委员会于2017年12月组庭，于2020年1月做出决定驳回撤裁申请。随后，张月娇教授被指派为InfraRed Environmental Infrastructure GP Limited and others诉西班牙案[④]撤裁委员会委员。目前，此案尚处于撤裁程序审理阶段。

---

① 请参见ICSID官方网站：https：//icsid.worldbank.org/en/Pages/about/MembershipStateDetails.aspx?state=ST30，最后访问时间：2020年7月7日。

② 请参见ICSID官方网站：https：//icsid.worldbank.org/en/Pages/arbitrators/ViewProfile.aspx?cvid=2296，最后访问时间：2020年7月7日。

③ Victor Pey Casado and President Allende Foundation v. Republic of Chile（ICSID Case No. ARB/98/2）.

④ InfraRed Environmental Infrastructure GP Limited and others v. Kingdom of Spain（ICSID Case No. ARB/14/12）.

此外，郑若骅女士曾经先后参与过 10 起 ICSID 仲裁案件，分别担任首席仲裁员或撤裁委员会委员。[①] 在此之前，厦门大学陈安教授曾参与过 Bernhard von Pezold and Others 诉津巴布韦案和 Border Timbers Limited, Border Timbers International（Private）Limited, and Hangani Development Co.（Private）Limited 诉津巴布韦案。[②] 复旦大学陈治东教授参与了 Carnegie Minerals（Gambia）Limited 诉冈比亚案。[③]

从公开信息来看，目前尚无中国籍人士以仲裁员或撤裁委员会委员的身份参与非 ICSID 投资仲裁案件审理。

（二）中国律师担任投资仲裁案件代理律师的情况

公开信息显示，以下两家中国律师事务所担任了国际投资仲裁案件的代理律师：一是环球律师事务所目前正在德国海乐公司诉中国案中担任中国政府代理律师，该案件于 2017 年立案，目前尚在审理中；二是中伦律师事务所代理中国政府参与了两起投资仲裁案件，分别为韩国安城公司诉中国案（该案于 2014 年立案，2017 年审结）和英国国民宋宇诉中国案，值得关注的是，中伦律所是中国政府在宋宇案中的唯一代理律所。

---

① 郑若骅律师参与的案件包括：2017 年，ENERGO-PRO a.s. 诉保加利亚（ICSID Case No. ARB/15/19），担任首席仲裁员（2018 年辞去职务）；2017 年，Eiser Infrastructure Limited and Energía Solar Luxembourg S.à r.l. 诉西班牙（ICSID Case No. ARB/13/36），担任撤裁委员会委员（2018 年辞去职务）；2016 年，Gabriel Resources Ltd. and Gabriel Resources（Jersey）诉罗马尼亚（ICSID Case No. ARB/15/31），担任首席仲裁员（2018 年辞去职务）；2014 年，Total S.A. 诉阿根廷（ICSID Case No. ARB/04/1），担任撤裁委员会委员；2014 年，H&H Enterprises Investments, Inc. 诉埃及（ICSID Case No. ARB/09/15），担任撤裁委员会委员；2013 年，EDF International S.A., SAUR International S.A. and León Participaciones Argentinas S.A. 诉阿根廷（ICSID Case No. ARB/03/23），担任撤裁委员会委员；2013 年，Rafat Ali Rizvi 诉印度尼西亚（ICSID Case No. ARB/11/13），担任撤裁委员会委员；2012 年，Impregilo S.p.A. 诉阿根廷（ICSID Case No. ARB/07/17），担任撤裁委员会委员；2012 年，El Paso Energy International Company 诉阿根廷（ICSID Case No. ARB/03/15），担任撤裁委员会委员；2011 年，Bawabet Al Kuwait Holding Company 诉埃及（ICSID Case No. ARB/11/6），担任首席仲裁员。

② Bernhard von Pezold and Others v. Republic of Zimbabwe（ICSID Case No. ARB/10/15）; Border Timbers Limited, Border Timbers International（Private）Limited, and Hangani Development Co.（Private）Limited v. Republic of Zimbabwe（ICSID Case No. ARB/10/25）.

③ Carnegie Minerals（Gambia）Limited v. Republic of The Gambia（ICSID Case No. ARB/09/19）.

八、结语和展望

2019 年是中国在缔结投资条约取得重大进展的一年，也是中国外商投资立法史上具有划时代意义的一年。在这一年里，已公开的中国政府被诉案件数量增加 1 起、中国企业起诉案件增加 1 起（但很快就终止程序），同时，德国海乐诉中国案继续推进实体程序，Sanum 诉老挝（一）案公布了仲裁裁决。在这一年里，中国政府积极参与贸法会 ISDS 改革和 ICSID 仲裁规则修订，北仲发布了专门的投资仲裁规则，中国籍仲裁员和中国律师更多地参与了投资仲裁案件的审理或代理。

2020 年，我们期待中国缔结投资条约取得新的进展，包括中欧投资协定谈判能够取得突破性进展，RCEP 协定能够顺利签署等，也期待中国与相关国家能够着手对早期签订的一些 BIT 进行修订，提升投资保护水平。投资仲裁案件方面，我们注意到近期公开了新的一起外国投资者诉中国政府的案件，[①]某些正在酝酿的中国投资者与外国政府之间的纠纷[②]也有可能在 2020 年正式被提交仲裁。特别是受新冠疫情及相关抗疫措施的影响，投资者与东道国之间的一些旧矛盾可能激化、新冲突可能涌现，因此不排除仲裁案件数量明显增加的可能性。我们期待也相信，随着《外商投资法》及其配套法规的实施，中国投资环境的法治化、稳定性和透明度将继续提升，包括投诉协调在内的国内争议解决途径将化解大部分潜在投资争端。我们更期待中国的仲裁机构、仲裁员和律师能够更加深度地参与投资仲裁。我们应当正视能力上的差距，同时也相信经过努力，中国的机构和个人可以逐步接近投资仲裁的舞台中央，为维护中国国家利益和中国投资者正当权益，也为国际投资的法治化贡献更大力量。

---

① 见常设仲裁法院网站：https://pca-cpa.org/en/cases/241/，最后访问时间：2020 年 7 月 7 日。

② 例如，某矿业公司于 2020 年 4 月 27 日公告，巴布亚新几内亚政府日前决定不批准该公司持有权益的波格拉金矿特别采矿权的延期申请，见 http://www.zjky.cn/upload/file/2020/04/27/fa993b2060304d989e8a9bc783b501a7.pdf，最后访问时间：2020 年 7 月 7 日。

“单资质”模式下工程总承包合同的效力分析

高印立[*] 郝梓林[**]

● **摘 要**

《房屋建筑和市政基础设施项目工程总承包管理办法》规定，相应领域的工程总承包单位应当具备设计施工“双资质”。这一规定直接关系到“单资质”模式下工程总承包合同的效力认定。通过对“双资质”规定的性质与该规定背后的社会利益分析，本文认为，“单资质”模式下的工程总承包合同既不违反法律、行政法规的强制性规定，也不违反社会公序良俗，应属有效。

● **关键词**

工程总承包 双资质 单资质 合同效力

Abstract: The *Measures for General Contracting Management of Housing Construction and Municipal Infrastructure Projects* stipulates that the general contractor of the project in the corresponding field should have the “dual qualification” both for design and construction, which directly involves the validity identification of the general contracting

---

[*] 高印立，北京采安律师事务所高级顾问，教授级高级工程师，北京仲裁委员会/北京国际仲裁中心仲裁员。

[**] 郝梓林，中国政法大学硕士研究生。

contracts under the "single qualification" mode. Through analysis on the nature of the "dual qualification" provision and its social benefits behind, this paper maintains that the general contracting contracts under the "single qualification" model neither violates the mandatory provisions of laws and administrative regulations nor violates the public order and good customs, which should be valid.

Key Words: general contracting, dual qualification, single qualification, validity of contract

一、问题的提出

2020年3月1日,《房屋建筑和市政基础设施项目工程总承包管理办法》(以下简称《总承包办法》)正式施行。《总承包办法》第10条规定,"工程总承包单位应当同时具有与工程规模相适应的工程设计资质和施工资质,或者由具有相应资质的设计单位和施工单位组成联合体。"该规定被认为是我国工程总承包"双资质"制度确立的标志。①

然而,由此却产生了"单资质"模式的合法性问题。也就是说,在工程总承包"双资质"制度背景之下,仅具备设计或施工"单资质"的单位订立的工程总承包合同是否有效?"单资质"工程总承包单位将其不具备资质的设计或施工工作分包给具有相应资质的单位(以下称"单资质"模式下的分包)是否合法?这些问题切实关系到建筑市场秩序的稳定、建筑企业的业务开展及当事人合同纠纷的处理。

对此,实务界持有不同观点,大体可以分为有效论与无效论两类。主张此类合同有效的观点认为:首先,根据"法不溯及既往"原则,不能以现在的规定去约束此前已经发生且具有法律效力的订约行为;其次,根据《中华人民共和国合同法》(以下简称《合同法》)第52条第5项的规定,违反法

① 张颖:《我国工程总承包"双资质"制度确立〈房屋建筑和市政基础设施项目工程总承包管理办法〉出台》,载《中国勘察设计》2020年第1期。

律、行政法规的强制性规定的合同无效，[①] 而《总承包办法》的效力级别仅为部门规范性文件，尚未达到导致合同无效的强制性法律规范的效力位阶。据此，《总承包办法》出台后订立的工程总承包合同也不因违反“双资质”规定而无效。[②] 主张此类合同无效的观点则认为，单一资质合同违反公序良序或效力性强制规定，[③] 违反双资质的总承包合同会损害国家对建筑活动的监督权。[④]

无效合同是因其在内容上违反了法律、行政法规的强制性规定或者公序良俗而不发生法律效力的合同，[⑤] 本质特征在于其违法性。[⑥] 因此，合同内容是否违反法律、行政法规的强制性规定或者公序良俗，是判断合同效力的重要依据。本文拟从现行法律规定与司法实践的双重视角，结合无效合同的上述特征，对“双资质”制度背景下“单资质”模式的工程总承包合同效力进行分析，最后对《总承包办法》中“双资质”规定的性质进行了讨论。

二、“单资质”模式不违反法律和行政法规的强制性规定

（一）法律和行政法规未明确要求工程总承包单位具有“双资质”

根据《合同法》第52条的第5项，有“违反法律、行政法规的强制性规定”情形的，合同无效。在我国司法实践中，此项也是当事人请求法院认定合同

① 《民法典》于2021年1月1日实施，届时《合同法》将失效。该法典第153条对此作了相应规定：“违反法律、行政法规的强制性规定的民事法律行为无效。但是，该强制性规定不导致该民事法律行为无效的除外。违背公序良俗的民事法律行为无效。”

② 参见《3月1日起，发包人要求单资质工程总承包人具备双资质怎么办？》，http://m.gzrfjz.com/heyuan_changjianwenda/350.html，2020年4月17日。

③ 生青杰：《仅具有设计资质或施工资质所签的工程总承包合同，影响合同效力吗？》，载“工程合同研习社”微信公众号，2020年4月26日。

④ 邹田：《工程总承包“双资质”时代下合同效力的浅析》，载“坤略律师事务所”微信公众号，2020年1月17日。

⑤ 最高人民法院民事审判第二庭编著：《〈全国法院民商事审判工作会议纪要〉理解与适用》，人民法院出版社2019年版，第107页。

⑥ 王利明：《合同法研究（第一卷）》（第三版），中国人民大学出版社2018年版，第608页。

无效的一个主要诉因。[①] 在建设工程合同纠纷案件中，承包人的资质是否符合相应要求，被认为是判断工程合同效力的重要依据。

在我国现行的建设工程法律制度体系下，涉及工程总承包资质的规定呈现出"分散广、冲突多"的特点。本文对不同效力层级的相关规定进行了梳理，具体如表 1 所示。由表 1 可知，对于工程总承包的资质要求，法律和行政法规均未明确规定，有明确规定的法律文件仅限于部门规章、国务院 / 部门规范性文件与地方性法规。部分地区虽对承揽工程总承包业务的单位资质要求作了规定，但其效力层级较低。[②] 其中，对建设工程总承包资质作出明确规定且效力层级最高的，是部门规章《建设工程勘察设计资质管理规定》（建设部令第 160 号）（以下简称《勘察设计资质规定》）与特定领域的《公路工程设计施工总承包管理办法》（交通运输部令 2015 年第 10 号）（以下简称《公路工程总承包办法》）。《勘察设计资质规定》明确，具有勘察、设计资质的企业可以从事相应的工程总承包业务，而《公路工程总承包办法》则规定了"双资质"要求。[③] 从二者的关系上看，前者是一般法，后者是特别法。在公路工程领域，应适用《公路工程总承包办法》。而在其他工程领域，则应当适用《勘察设计资质规定》。

---

① 截至 2020 年 5 月 8 日，笔者经"威科先行 · 法律数据库"检索得知，我国法院判决引用《合同法》第 52 条"合同无效的法定情形"的案件有 42 万余件，其中 21 万余案例均引用了该条第 5 项规定。

② 朱树英：《工程总承包实务问答》，法律出版社 2020 年版，第 27 页。比如，《上海市工程总承包试点项目管理办法》（沪建建管〔2016〕1151 号）第 7 条规定："工程总承包企业应当具备与发包工程规模相适应的工程设计资质（工程设计专项资质和事务所资质除外）或施工总承包资质，且具有相应的组织机构、项目管理体系、项目管理专业人员和工程业绩。"再如，《山西省住房和城乡建设厅关于推进山西省房屋建筑和市政基础设施工程总承包的指导意见》（晋建市字〔2018〕341 号）第 2 条第 6 款规定："工程总承包单位应当具备与发包工程规模相适应的甲级工程设计资质（仅具有建筑工程设计事务所资质除外），或者施工总承包特、一级资质，或者二者同时具备的联合体，且具有相应的组织机构、项目管理体系、项目管理专业人员，以及与发包工程相类似的工程业绩。发包人不得将工程总承包业绩设定为承包人的资格条件。"

③ 《公路工程设计施工总承包管理办法》（交通运输部令 2015 年第 10 号）第 6 条第 1 款规定："总承包单位应当同时具备与招标工程相适应的勘察设计和施工资质，或者由具备相应资质的勘察设计和施工单位组成联合体。"

表1　有关工程总承包单位资质的管理规定

发文机关	生效日期	法律文件	相关规定	效力位阶
全国人民代表大会	1999.10.01	《合同法》	第272条 禁止承包人将工程分包给不具备相应资质条件的单位。禁止分包单位将其承包的工程再分包。建设工程主体结构的施工必须由承包人自行完成。	法律
全国人大常委会	2019.04.23	《中华人民共和国建筑法》（以下简称《建筑法》）	第29条 禁止总承包单位将工程分包给不具备相应资质条件的单位。禁止分包单位将其承包的工程再分包。	法律
建设部（已撤销）	2007.09.01	《建设工程勘察设计资质管理规定》	第39条 取得工程勘察、工程设计资质证书的企业，可以从事资质证书许可范围内相应的建设工程总承包业务，可以从事工程项目管理和相关的技术与管理服务。	部门规章
国务院办公厅	2017.02.21	《关于促进建筑业持续健康发展的意见》	第2条 进一步简化工程建设企业资质类别和等级设置，减少不必要的资质认定。选择部分地区开展试点，对信用良好、具有相关专业技术能力、能够提供足额担保的企业，在其资质类别内放宽承揽业务范围限制。	国务院规范性文件
住房和城乡建设部、国家发展改革委员会	2020.03.01	《房屋建筑和市政基础设施项目工程总承包管理办法》	第10条 工程总承包单位应当同时具有与工程规模相适应的工程设计资质和施工资质，或者由具有相应资质的设计单位和施工单位组成联合体。	部门规范性文件
住房和城乡建设部	2016.05.20	《关于进一步推进工程总承包发展的若干意见》	第2条第9项 仅具有设计资质的企业承接工程总承包项目时，应当将工程总承包项目中的施工业务依法分包给具有相应施工资质的企业。仅具有施工资质的企业承接工程总承包项目时，应当将工程总承包项目中的设计业务依法分包给具有相应资质的企业。	部门规范性文件

续表

发文机关	生效日期	法律文件	相关规定	效力位阶
建设部（已撤销）	2007.08.21	《建设工程勘察设计资质管理规定实施意见》	取得工程设计综合资质的企业可以承担各行业的工程项目设计、工程项目管理和相关的技术、咨询与管理服务业务；其同时具有一级施工总承包（施工专业承包）资质的，可以自行承担相应类别工程项目的工程总承包业务（包括设计和施工）及相应的工程施工总承包（施工专业承包）业务；其不具有一级施工总承包（施工专业承包）资质的企业，可以承担该项目的工程总承包业务，但应将施工业务分包给具有相应施工资质的企业。	部门规范性文件
建设部（已撤销）	2003.11.21	《建设部办公厅关于工程总承包市场准入问题的复函》	具有工程勘察、设计或施工总承包资质的企业可以在其资质等级许可的工程项目范围内开展工程总承包业务。因此，工程设计企业可以在其工程设计资质证书许可的工程项目范围内开展工程总承包业务，但工程的施工应由具有相应施工承包资质的企业承担。	部门规范性文件
建设部（已撤销）	2003.07.13	《关于工程总承包市场准入问题说明的函》（失效）①	具有工程勘察、设计或施工总承包资质的企业可以在其资质等级许可的工程项目范围内开展工程总承包业务。	部门规范性文件
建设部（已撤销）	2003.02.13	《关于培育发展工程总承包和工程项目管理企业的指导意见》	四（一）鼓励具有工程勘察、设计或施工总承包资质的勘察、设计和施工企业，……在其勘察、设计或施工总承包资质等级许可的工程项目范围内开展工程总承包业务。	部门规范性文件

① 该规定已于2017年12月12日被宣布失效。

续表

发文机关	生效日期	法律文件	相关规定	效力位阶
建设部（已撤销）、国家计划委员会（已变更）、财政部、中国人民建设银行、物资部（已变更）	1989.04.01	《关于扩大设计单位进行工程总承包试点及有关问题的补充通知》	第2条 设计单位不能辖有施工队伍，也不应与施工单位联合投标总承包工程项目。设计单位在进行工程总承包时，只负责勘探设计、设备采购、施工招标、发包、项目管理、质量监督和试车考核，不直接从事施工，不必领取施工执照。	部门规范性文件
上海市人大（含常委会）	2019.01.01	《上海市建筑市场管理条例（2018修正）》	第22条第1款 实行建设工程总承包的，总承包单位应当具备相应的设计或者施工资质，并建立与工程总承包业务相适应的项目管理体系。	省级地方性法规

（二）"单资质"模式下的分包不违反法律和行政法规的强制性规定

在"单资质"单位承接工程总承包工程的模式下，工程总承包单位应当将其不具有资质的设计或施工业务分包给其他有相应资质的单位。在"双资质"要求的背景下，讨论"单资质"模式下工程总承包合同的效力，就需要审视这种"单资质"模式下的分包是否违法。根据《建设工程质量管理条例》的规定，违法分包共有四种情形：1. 分包单位不具备相应资质的；2. 分包未经建设单位同意的；3. 将主体结构进行分包的；4. 分包单位再分包的。[①]很显然，"单资质"模式下的分包不属于再分包，是否经建设单位同意也与该种分包的特征无关。因此，本文针对上述违法分包的第1、3种情形进行分析。

第一，根据《建筑法》第29条的规定，建筑工程总承包单位可以将承包工程中的部分工程发包给具有相应资质条件的分包单位。而"单资质"模式

① 《建设工程质量管理条例》第78条规定："本条例所称违法分包，是指下列行为：（一）总承包单位将建设工程分包给不具备相应资质条件的单位的；（二）建设工程总承包合同中未有约定，又未经建设单位认可，承包单位将其承包的部分建设工程交由其他单位完成的；（三）施工总承包单位将建设工程主体结构的施工分包给其他单位的；（四）分包单位将其承包的建设工程再分包的。本条例所称转包，是指承包单位承包建设工程后，不履行合同约定的责任和义务，将其承包的全部建设工程转给他人或者将其承包的全部建设工程肢解以后以分包的名义分别转给其他单位承包的行为。"

下的分包，就是将工程总承包单位不具有资质的设计或施工业务分包给有相应资质的单位，故其完全符合《建筑法》的上述规定。

第二，《建筑法》《合同法》及《建设工程质量管理条例》关于主体结构不能分包的规定，仅针对施工总承包工程；[①]《建设工程勘察设计管理条例》关于勘察、设计主体部分不能分包的规定，也仅针对勘察、设计工程。[②]我国法律、行政法规并未对“单资质”模式下的分包作出禁止性规定。因此，“单资质”模式下的分包并不违反我国法律、行政法规的强制性规定。

第三，有观点认为，上述分包行为是否属于合法分包，或者构成转包，现行法律框架内并无定论。[③]根据《关于进一步推进工程总承包发展的若干意见》的规定，仅具有设计资质的企业承接工程总承包项目时，应当将工程总承包项目中的施工业务依法分包给具有相应施工资质的企业；仅具有施工资质的企业承接工程总承包项目时，应当将工程总承包项目中的设计业务依法分包给具有相应资质的企业。而同效力层级的《总承包办法》虽然规定了“双资质”要求，但仅限于房屋建筑和市政基础设施领域，且与上位法《勘察设计资质规定》相抵触。可见，“单资质”模式下的分包为现行有效的部门规章和规范性文件所肯定。

第四，司法实践对“单资质”模式下分包的效力也给予了肯定。在“中机新能源开发有限公司与郑州建工集团有限责任公司建设工程施工合同纠纷案”中，[④]法院认为：“《合同法》第272条第3款和《建筑法》第29条第1款对总承包人和承包人、建筑工程总承包和施工总承包均进行了明确区分，

---

① 《建筑法》第29条第1款规定：“建筑工程总承包单位可以将承包工程中的部分工程发包给具有相应资质条件的分包单位；但是，除总承包合同中约定的分包外，必须经建设单位认可。施工总承包的，建筑工程主体结构的施工必须由总承包单位自行完成。”《合同法》第272条规定：“……承包人不得将其承包的全部建设工程转包给第三人或者将其承包的全部建设工程肢解以后以分包的名义分别转包给第三人。禁止承包人将工程分包给不具备相应资质条件的单位。禁止分包单位将其承包的工程再分包。建设工程主体结构的施工必须由承包人自行完成。”《中华人民共和国民法典》第791条也有类似规定。

② 《建设工程勘察设计管理条例》第19条规定：“除建设工程主体部分的勘察、设计外，经发包方书面同意，承包方可以将建设工程其他部分的勘察、设计再分包给其他具有相应资质等级的建设工程勘察、设计单位。”

③ 朱树英：《工程总承包实务问答》，法律出版社2020年版，第28页。

④ 参见河南省高级人民法院（2019）豫民申5894号裁定书。

对于建设工程主体结构的分包限制仅及于施工总承包人和承包人。目前，并没有对建筑工程总承包人分包建设工程主体结构的禁止性规定。工程总承包方经发包方同意后将土建工程进行分包，涉案的总包和分包合同均应合法有效。”①

综上所述，本文认为，在现行法律、行政法规均未明确要求工程总承包单位须具备“双资质”的情况下，仅具有设计资质或施工资质的单位可以承接工程总承包项目。“单资质”总承包单位应当遵守《建筑法》第29条的规定，依据工程总承包合同约定或经过建设单位认可，将其不具有资质的设计或施工业务分包给其他有相应资质的单位。工程总承包的“单资质”模式并不违反法律和行政法规的强制性规定。

三、“单资质”模式不违反公序良俗

（一）公序良俗的内涵

关于合同效力的判断，除前述“是否违反法律、行政法规的强制性规定”外，还要对其是否违反公序良俗进行判断。②公序良俗即公共秩序和善良风俗，依学者通说，所谓“社会公共利益”及“社会公德”在性质和作用上与公序良俗原则相当，“社会公共利益”相当于“公共秩序”，“社会公德”相当于“善良风俗”。③《合同法》第52条第4项规定，损害社会公共利益的合同无效。《民法总则》则以公序良俗一词代替了社会公共利益。④也有观点认为，“社会公共利益”的表述不足以涵盖“国家利益”，为使概念更为周延，《民法总则》

① 在“广东省广州市中级人民法院（2019）粤01民终14501号”“浙江省杭州市西湖区人民法院（2008）杭西民三初字第1613号”“新疆维吾尔自治区高级人民法院（2019）新民终469号”“江苏省淮安市中级人民法院（2019）苏08民终3805号”等判决书中，法院也持同样观点。

② 《全国法院民商事审判工作会议纪要》（法〔2019〕254号）第31条规定：“违反规章一般情况下不影响合同效力，但该规章的内容涉及金融安全、市场秩序、国家宏观政策等公序良俗的，应当认定合同无效。”

③ 梁慧星：《民法总论》（第三版），法律出版社2007年版，第49页。

④ 《民法总则》第153条第2款规定：“违背公序良俗的民事法律行为无效。”《民法典》于2021年1月1日实施，届时《合同法》《民法总则》将失效。该法典第153条对此作了相应规定：“违反法律、行政法规的强制性规定的民事法律行为无效。但是，该强制性规定不导致该民事法律行为无效的除外。违背公序良俗的民事法律行为无效。”

用传统民法上的"公序良俗"代替了"社会公共利益"。[①] 具体到建设工程领域，本文认为，公序良俗应主要表现为建筑市场秩序及工程质量安全，这从《建筑法》的立法目的可见一斑。[②] 因此，对于"单资质"模式是否违反公序良俗的判断，实质上就转化为对该模式是否违反建筑市场秩序和有害于工程质量安全的分析。

（二）"单资质"模式未扰乱建筑市场秩序

在我国传统的工程建设领域，设计、施工资质相分离的情况十分普遍。多数设计单位不具备施工资质。同样，多数施工单位也不具备设计资质。1987年4月，有关部门发布了设计单位进行工程建设总承包试点工作有关问题的通知，并认为："从试点的情况看，设计单位负责管理整个工程项目的建设，普遍收到了缩短工期、保证质量、控制和节约投资的效果。"[③]

2003年2月13日，为深化我国工程建设项目组织实施方式改革，培育发展专业化的工程总承包企业，国家建设行政主管部门发布了《关于培育发展工程总承包和工程项目管理企业的指导意见》（建市〔2003〕30号），强调工程总承包是深化我国工程建设项目组织实施方式改革、提高工程建设管理水平、保证工程质量和投资效益、规范建筑市场秩序的重要措施。同时，为大力推行工程总承包，该意见正式提出了"单资质"的承包模式。在此后的十几年中，该模式被多次强调，并以部门规章和规范性文件的形式呈现。

由此可见，"单资质"模式在我国推行工程总承包的进程中发挥了重要作用。很显然，"单资质"模式不但未扰乱建筑市场的正常秩序，反而对建筑市场秩序的规范发挥了促进作用。

（三）"单资质"模式不损害工程质量安全

一般认为，工程总承包方式有利于明确承包人责任、优化工程设计、提高施工效率、缩短建设工期。在"单资质"模式下，设计、施工工作的直接承

---

① 最高人民法院民事审判第二庭编著：《〈全国法院民商事审判工作会议纪要〉理解与适用》，人民法院出版社2019年版，第252页。

② 《建筑法》第1条规定："为了加强对建筑活动的监督管理，维护建筑市场秩序，保证建筑工程的质量和安全，促进建筑业健康发展，制定本法。"

③ 参见《国家计委、财政部、中国人民建设银行、国家物资局关于设计单位进行工程建设总承包试点有关问题的通知》（1987年4月20日）及《建设部、国家计委、财政部、中国人民建设银行、物资部关于扩大设计单位进行工程总承包试点及有关问题的补充通知》（1989年4月1日）。

担者均具有相应的承包资质，因此，在设计、施工的质量与安全控制方面，“单资质”模式与“双资质”模式并无实质性的差异。二者的主要区别在于，在“双资质”模式下，由具有设计、施工“双资质”的单位作为总承包人，更有利于设计、施工工作的业务沟通和融合，更有利于提高工作效率。但《总承包办法》中允许的联合体承包模式则并不具备这样的优势。而且，与“双资质”模式相比，在“单资质”模式下，设计、施工单位之间一定程度的相互制约，虽可能对工程建设效率不利，但对工程质量的保证似有利无害。由此可见，“单资质”模式不会对建设工程的质量安全带来不利影响。

综上所述，工程总承包“单资质”模式并不违反社会公序良俗。具体而言，该模式既未扰乱建筑市场秩序，也不损害工程质量安全。就我国工程总承包制度的发展进程来看，“单资质”模式是规范建筑市场的重要环节；从该模式的实际运行角度而言，“单资质”的总承包单位依据法律或合同约定将其不具备资质部分的工作分包给其他具有相应资质的单位，符合建设工程的质量要求。

四、关于工程总承包“双资质”规定的性质

（一）“双资质”规定不是行政许可

《总承包办法》第10条关于“双资质”的规定涉及行业资质事项，属于行政许可的范围，但其并非新设的行政许可。

首先，“双资质”规定并未创设新的工程总承包资质，有关设计资质和施工资质的行政许可已经由《建筑法》设立。[①] 该规定仅是在已有资质许可的体系下，针对房屋建筑和市政基础设施工程总承包这一新的业务类型如何进行资质管理进行明确。其次，行政许可具有依申请和经依法审查的特征，[②] 而《总承包办法》对“双资质”规定未设立相应的申请、审查程序，不符合行政许可的特征。最后，《总承包办法》的效力位阶属于规范性文件，不符合《行政许可法》关于行政许可设立主体的规定。

因此，本文认为，关于工程总承包的“双资质”规定并不构成行政许可。根据《行政许可法》第16条的规定，其可以视为是对实施上位法设定的行政

① 参见《建筑法》第二章“建筑许可”（第7–14条）规定。

② 参见张春生、李飞主编：《中华人民共和国行政许可法释义》，法律出版社2003年版，第12页。

许可作出的具体规定，只是制定主体仍不符合《行政许可法》的规定而已。[①]

（二）"双资质"规定属于倡导性规范

传统观点认为，根据民事法律规范是否具有强制性，可将其划分为强制性规范和任意性规范。但有学者认为，上述二分体系属民法规范论发展初期的产物，应将法律规范协调的利益关系类型作为核心的区分依据，从而将民事法律规范划分为任意性规范、倡导性规范、授权第三人规范和强制性规范。[②]

所谓倡导性规范，即提倡和诱导当事人采用特定行为模式的法律规范，[③]具有提示风险、使当事人利益得到增进或避免不必要损失的功能。[④]最高人民法院在《〈全国法院民商事审判工作会议纪要〉理解与适用》中也肯定了倡导性规范这一规范类型。[⑤]本文从以下几个方面对"双资质"规定的规范类型进行讨论。

1. 对"应当"的文义解释

从文义上看，《总承包办法》第10条使用了"应当"的表述，即"工程总承包单位应当同时具有与工程规模相适应的工程设计资质和施工资质"。"带'应当'字样的规范通常为强制性规定，但例外情况下也包括裁判性规范与倡导性规范"。[⑥]浙江省高级人民法院曾在（2008）浙民再抗字第25号案中明确：表述中含有"应当"的法条并不都是强制性的规范。[⑦]最高人民法院也

---

① 《行政许可法》第16条规定："行政法规可以在法律设定的行政许可事项范围内，对实施该行政许可作出具体规定。地方性法规可以在法律、行政法规设定的行政许可事项范围内，对实施该行政许可作出具体规定。规章可以在上位法设定的行政许可事项范围内，对实施该行政许可作出具体规定。法规、规章对实施上位法设定的行政许可作出的具体规定，不得增设行政许可；对行政许可条件作出的具体规定，不得增设违反上位法的其他条件。"

② 参见王轶：《民法典的规范类型及其配置关系》，载《清华法学》2014年第6期。

③ 王轶：《论倡导性规范——以合同法为背景的分析》，载《清华法学》2007年第1期。

④ 谷文渊：《"应当"的理解与适用——对〈民法总则〉第五条的规范分析》，载《湖北工程学院学报》2019年第1期。

⑤ 最高人民法院民事审判第二庭编著：《〈全国法院民商事审判工作会议纪要〉理解与适用》，人民法院出版社2019年版，第245页。

⑥ 最高人民法院民事审判第二庭编著：《〈全国法院民商事审判工作会议纪要〉理解与适用》，人民法院出版社2019年版，第250页。

⑦ 浙江高院在该案中还具体阐述："我国法律对强制性规范、倡导性规范、任意性规范等法律规范类型的区分标准并没有作出规定。根据法理，只有在该法条的规范对象涉及国家和社会公共利益的情况下，该法条才可作为强制性规范予以对待。"

在（2014）行提字第8号公报案例中维持了"'应当举例说明'一语并非强制性规范，而是倡导性规范，原因在于即使未按该规定书写说明书，其专利也不会因此被驳回或被宣告无效"的裁判观点。由此可见，《总承包办法》第10条规定有作为倡导性规范理解的余地。

2.《总承包办法》与上位法的关系

根据部门规章《勘察设计资质规定》的规定，具有勘察、设计资质的企业可以从事工程总承包业务。而《总承包办法》作为部门规范性文件，其关于"双资质"的规定与上述部门规章的规定存在冲突。依据《立法法》第96条的规定，下位法违反上位法规定的，应由有关机关依照规定的权限予以改变或者撤销。因此，如果将"双资质"规定解释为强制性规范，则将违反上位法的规定，并面临被改变或者撤销的后果。

而且，根据《行政许可法》第16条的规定，《勘察设计资质规定》中关于勘察、设计资质企业可以从事工程总承包业务的规定，是对实施《建筑法》设定的行政许可作出的具体规定，即对相应行政许可的具体化。在这种情况下，如果将"双资质"规定理解为强制性规范，则改变了原行政许可的具体内容，变相增加了市场准入条件，有损害市场主体的信赖利益之嫌。

3.关于监管强度的考察

通过考察监管强度，可以对规则的效力作一个基本判断。最高人民法院曾就违反规章是否影响合同效力问题，提出了要考察监管强度的观点。即如果违反规章的后果仅导致行政处罚而未严重到刑事犯罪的，说明监管强度较弱，一般不宜以违反规章为由否定合同效力；但是违反规章的行为可能构成犯罪的，表明监管强度较强，在认定合同效力时就要予以考虑。[①] 虽然《总承包办法》第10条规定了"双资质"标准，但是由于其规范性文件的性质，《总承包办法》本身无法对违反该规定的情形作出任何惩罚性规定，且上位法也无对"单资质"承包模式的处罚规定。这在一定程度上也说明了"双资质"规定的倡导性。

4.不同工程领域的适用冲突

《总承包办法》的适用范围限定于从事房屋建筑和市政基础设施项目的工

① 最高人民法院民事审判第二庭编著:《〈全国法院民商事审判工作会议纪要〉理解与适用》，人民法院出版社2019年版，第257页。

程总承包活动。而工程总承包模式在电力、矿山、石油化工领域的应用更为广泛。如果将《总承包办法》的"双资质"规定理解为强制性规范，将导致在一个国家的建筑市场内，存在相互冲突的两种工程总承包模式，由此容易造成建筑市场的混乱，会对建设工程的行政管理和司法裁判带来不利影响。

5. 强制"双资质"准入的弊端

《总承包办法》第 12 条规定了设计单位和施工单位的资质直接申请和业绩互认制度，[①] 这会使具备"双资质"的工程总承包单位在短期内有较大幅度的增加。由于设计和施工业务的工作内容、行为模式及质量控制方法完全不同，企业在新增资质业务方面难免会存在能力不足的情形。在这种情况下，如果将"双资质"规定理解为强制性规定，那么，在准入壁垒和市场竞争的双重压力下，明知自身能力不足的企业也会不顾一切地去承揽工程总承包项目，甚至为弥补自身能力不足而进行转包，从而损害建筑市场秩序，不利于建设工程的质量和安全。

6. 建筑市场"放管服"的改革趋势

国务院办公厅于 2017 年发布了《关于促进建筑业持续健康发展的意见》，其中第 2 条规定："进一步简化工程建设企业资质类别和等级设置，减少不必要的资质认定。选择部分地区开展试点，对信用良好、具有相关专业技术能力、能够提供足额担保的企业，在其资质类别内放宽承揽业务范围限制。""放管服"改革有助于进一步优化营商环境，激发建筑市场主体活力和经济发展新动力。《总承包办法》旨在规范我国房屋建筑与市政基础设施项目的工程总承包市场，其中直接关涉市场主体的"双资质"规定，也应体现国家"放管服"的改革方向和发展理念。

综上所述，《总承包办法》作为部门规范性文件，其中的"双资质"规定并非新设的行政许可，而可以被视为在上位法设定的行政许可范围之内所作的具体规定。通过对"双资质"规定的规范文义、与上位法的关系进行分析，并考察监管强度、适用冲突、强制准入弊端及改革发展趋势等方面的因素，

---

① 《总承包办法》第 12 条规定："鼓励设计单位申请取得施工资质，已取得工程设计综合资质、行业甲级资质、建筑工程专业甲级资质的单位，可以直接申请相应类别施工总承包一级资质。鼓励施工单位申请取得工程设计资质，具有一级及以上施工总承包资质的单位可以直接申请相应类别的工程设计甲级资质。完成的相应规模工程总承包业绩可以作为设计、施工业绩申报。"

可以得出该规定宜作倡导性规范解释的结论。

五、结论

工程总承包项目承包的“单资质”模式未违反法律、行政法规的强制性规定，同时，不存在扰乱建筑市场秩序、损害工程质量安全的情形。因此，该模式下的工程总承包合同当属有效。而《总承包办法》作为部门规范性文件，不在法律、行政法规的范畴之内，其关于“双资质”的规定不属于新设的行政许可，更类似于一种不具有强制效力的倡导性规范。

从长远来看，“双资质”规定是建筑业转型升级时期的一个明确引导，有助于设计与施工深度融合的工程总承包业务的开展，对进一步提高我国建筑企业的综合竞争力，培育更加成熟、健康的工程总承包市场有所裨益。但为避免企业在新增资质领域业务能力不足导致的不利后果，短期内不宜对“双资质”规定进行强制实施。

实践视角下商品房买卖“双合同”纠纷处理分析

刘文鹏 *

● **摘 要**

法院实践对商品房买卖“双合同”中“装修合同”效力认定不一，并呈现对当事人交易安排加以更多规制的倾向。在合同有效语境之下，装修造价差额返还纠纷较为常见且所涉复杂。合同程序正义应是差价返还裁判考量的重要因素。对于违约金基数及承担主体的司法认定，则以遵循合同真意为原则。商事仲裁作为注重合同自治和行业习惯的争议解决方式，对于否定合同效力、认定法律责任持更为审慎态度。

● **关键字**

房屋买卖“双合同”　商品房限价政策　裁判价值权衡

Abstract: The people's courts hold different views on the validity of the renovation contract in the arrangement of double-contract for commodity house sales. To some extent, challenging the party autonomy has become a trend for the judgements. Under the condition that the renovation contract is held to be valid, the

---

* 刘文鹏，法学硕士，北京仲裁委员会/北京国际仲裁中心高级顾问。

在本文选题及写作过程中，北京仲裁委员会/北京国际仲裁中心丁建勇先生、张皓亮先生提出了宝贵意见，特此致谢。

disputes over returning the difference of renovation costs is more common and involve complex factors. For this kind of dispute, the parties' equality of contracting status and autonomy of will shall be a significant factor in judicial review. To decide the base of the liquidated damages and the obligor, the people's courts follow the true intent of the parties in determining what the contract actually means. Commercial arbitral tribunal generally takes a more cautious attitude towards invalidating the renovation contract and deciding the liability for breach of contract, for the reason that commercial arbitration lays emphasis on party autonomy and industry custom and practice.

Key Words: double-contract for commodity house sales, policy of price limit, weighing values in judicial review

一、引言

近年来，多地房管部门出台限价调控政策，要求房地产开发企业预（销）售商品住宅接受房管部门的价格指导。由于政府指导价与开发商实际成本及市场利润的差距，催生了商品房买卖“双合同”。所谓“双合同”，即购房者与开发商或其授意的第三方在购房过程中签署两份合同，其一为符合政府指导价的房屋买卖合同，其二为装修等名义的相关合同，后者约定的合同价款或部分价款实质构成房屋买卖价款的一部分。

在法院诉讼及仲裁实践中，出现诸多“双合同”纠纷，案件类型复杂多样，裁判机关观点也并非同一。且该等纠纷与时下政策密切相关，牵涉当事各方重大利益，引发了社会各界广泛关注。鉴此，本文拟基于实践视角，对房屋买卖“双合同”所涉及法律风险及争议解决要点进行梳理和分析，以期对相关纠纷的防范和解决有所助益。

二、关于“双合同”法律效力问题

虽在形式上，房屋买卖合同与装修合同因缔约主体或合同标的不同而互为独立，但二者在内容（尤其是价款）上关联甚密，有的购房者甚至书面确认知悉并同意“双合同”安排[①]。这也能解释为何在有的司法实践中未基于表象将“双合同”纠纷分拆为“房屋买卖合同纠纷之诉”和“装修合同纠纷之诉”，若非如此，将可能使当事人增加诉讼成本，并可能使纠纷解决陷入困境[②]。

（一）基于合同是否无效的分析

1. 认定“合同有效”的司法实践

通过对各地房屋买卖“双合同”纠纷司法案例的梳理，笔者发现基础争议在于装修合同的法律效力，其中通过主张装修合同无效而不再继续支付或要求退还“装修款”者不在少数。

该等当事人主张装修合同无效的理由，主要包括：房地产开发商采用的“双合同”模式规避调控规定，以合法形式掩盖非法目的；[③]“双合同”安排违反法律强制性规定，损害公共利益。[④]对此等主张，法院或以当事人签约时知悉“双合同”安排，且实际销售价格高于政府指导价格并不必然导致销售目的不符合法律规定，[⑤]或以当事人未提交充分有效证据证明违反强制性法律规定、损害社会公共利益[⑥]为由未予支持。

---

① 如在“梁某等与广州某房地产开发有限公司等商品房预售合同纠纷”中，购房者签署的《认购书》中载明“已清楚了解认购价由毛坯价和装修价两部分组成，需同时签署‘买卖合同’和‘装修协议’”等内容。［参见广州市花都区人民法院民事判决书（2016）粤0114民初1563号］在“郭某与北京某房地产开发有限公司等装饰装修合同纠纷”中，“装修合同”载明“房屋认购方详细了解并认可房屋装修方案，对于总体费用进行了充分考量，明知较市场价格偏高，但综合考虑予以认可”。［参见北京市第二中级人民法院民事判决书（2017）京02民终4483号］

② 抛开“合同相对性”不说，如区分为两个诉讼，法院在“房屋买卖合同纠纷之诉”中出于查明房屋买卖合同真实交易价款的需要，可能需等待“装修合同纠纷之诉”审理结果。

③ 如在“韩某与北京某房地产开发有限公司等确认合同效力纠纷”中，原告主张：国务院办公厅、北京市人民政府办公厅以及北京市住房和建设委员会相继发布一系列房地产市场调控规定，禁止出卖房屋定价过高，而被告北京某房地产开发有限公司为规避该等规定，采取签订双合同、拆分价格、捆绑装修的做法，以获得预售许可证，避免处罚。装修合同仅是一种看似合法的形式，来掩盖变相涨价这一非法目的。［参见北京市房山区人民法院民事判决书（2015）房民初字第13033号］

④ 如在“张某与上海某建筑工程有限公司等装饰装修合同纠纷”中，原告主张“装修协议”为房地产开发商的搭售行为及设置不合理交易条件，违反《反不正当竞争法》《消费者权益保护法》《合同法》等强制性法律规定并损害社会公共利益。［参见北京市房山区人民法院民事判决书（2015）房民初字第14271号］

⑤ 参见北京市房山区人民法院民事判决书（2015）房民初字第13033号。

⑥ 参见北京市房山区人民法院民事判决书（2015）房民初字第14271号。

探究法院裁判思路，核心在于："双合同"安排并不违"法"，盖因"法律、行政法规"限定为全国人大及其常委会制定的法律和国务院制定的行政法规，各地土地房管部门出台的限价政策非属《合同法》第52条项下"法"之范畴；购房者与开发商订立相关合同，其核心目的仍在于房屋买卖，并不能构成"非法目的"；而在购房者知悉并同意"双合同"安排的情形下，也无法认定开发商构成搭售行为或设置不合理交易条件；至于"损害社会公共利益"的认定，法院在个案裁判中普遍对此持谨慎态度。

2. "合同有效"司法实践的突破

与此同时，笔者注意到，随着房地产限价等调控政策的持续甚至加压，"双合同"效力认定也出现了与前述不同的司法实践。

如在"黄某与广州某房地产开发有限公司商品房预售合同纠纷"①中，法院便认定装修合同无效。在该案中，法院认为，买卖合同除房屋交易价款外，其他内容是双方当事人的真实意思表示，未违反法律行政法规的强制性规定，应为合法有效。然而装修合同并非合同双方当事人的真实意思表示，依照《民法总则》第146条的规定，②当事人签订的装修合同为虚假意思表示，且并未真正履行，应为无效。

笔者认为，作为法院解决"双合同"问题的一种思路，"虚假意思表示"规则适用的妥当性存在商榷空间。申言之，在以虚假意思表示成立民事法律行为的情形中，本文讨论的"双合同"指向"基于双方意思表示成立法律行为"。这要求其中一方为虚假意思表示，另外一方对此明知或者双方串通，学说上称此为通谋虚假意思表示。③在虚假意思表示中，双方当事人虽然有意思表示的外观，但不具有意思表示中的效果意思。④当事人不想使其表示发生法律效果，这不仅包括依其性质产生应有的法律效果，也包括其他的法律效果。如果当事人具有效果意思，即使其内心的效果意思与外部表示的效果意思不

① 参见广东省广州市中级人民法院民事判决书（2018）粤01民终15725号。

② 《民法总则》第146条规定：行为人与相对人以虚假的意思表示实施的民事法律行为无效。以虚假的意思表示隐藏的民事法律行为的效力，依照有关法律规定处理。另，自2021年1月1日起施行的《民法典》第146条，与该条规定内容一致。

③ 参见韩世远：《虚假表示与恶意串通问题研究》，载《法律适用》2017年第17期。

④ 参见李永军：《虚假意思表示之法律行为刍议——对于〈民法总则〉第146条及第154条的讨论》，载《中国政法大学学报》2017年第4期。

尽一致，也不能认为存在虚假意思表示。[①] 而在“双合同”安排下，购房者对于装修合同有关装修标准等内容有所预期，即使其中约定的装修价款或反映的标准与实际装修造价有所偏差（甚至偏差较大），恐也难以认定当事人缔约时合意希望装修合同不发生任何法律效果。此外，在“双合同”实务中，不乏当事人在系列合同中明确约定装修合同并非独立于房屋买卖合同，其效力不得单独终止。前述法院将装修合同独立进行认定，有罔顾当事人意思自治之嫌，同时将导致购房者与开发商在房屋买卖合同中的整体权利义务失衡。

3. 认定“合同无效”的其他讨论

在《民法总则》所创设的“虚假意思表示”规则之外，认定装修合同无效还存在其他可能，有必要简要展开讨论。

其一，关于“以合法形式掩盖非法目的”的再讨论。合同因“以合法形式掩盖非法目的”而无效的核心在于认定是否构成“目的非法”。因被掩盖的目的非法，在后果上损害了国家、集体或者第三人的利益。[②] 较之前述“虚假意思表示”“以合法形式掩盖非法目的”对双方当事人主观要件的要求相对宽松。考虑到缔约合同目的往往具有多元性，司法机关将订立“双合同”目的解释为规避调控政策，在后果上认为损及公共利益，并非毫无空间。

其二，关于“违反社会公共利益”的再分析。前已举例说明，法院对于当事人以违反公共利益为由诉请认定合同无效的主张，多以无证据证明为由概括性不予支持。笔者以为，司法实践对于违反公共利益的谨慎认定，一方面是因违反公共利益所导致的法律后果严重，另一方面也因公共利益本身概念宽泛、不易界定。正如学者所言：“公共利益是一个模糊性概念，具有很强的适应性，其内涵会随着时空背景的不同而有所不同，法院需要针对具体案件对其内涵进行阐述。”[③] 在“双合同”模式下，限价调控政策因具有普遍约束力、反复适用性等特点，具备相当程度的公共利益属性。在前述“黄某与广州某房地产开发有限公司商品房预售合同纠纷”中，二审法院便认为：“房屋交易价款拆分为两部分，有规避地方政府房地产调控限价政策、逃避税收的嫌疑，

① 参见田韶华：《论通谋虚伪行为规则的司法适用》，载《北方法学》2019 年第 4 期。

② 参见崔建远：《合同法学》，法律出版社 2015 年版，第 75 页。

③ 参见梁上上：《公共利益与利益衡量》，载《政法论坛》2016 年第 6 期。

损害了社会公共利益。”[①] 在笔者看来，法院此处界定的公共利益系指向行政管制的违反，但在另一维度上，“合同自由”作为商事活动的根本性规则，亦是社会主义市场经济所应保障的公共利益。在此语境下，对于“双合同”效力的裁判需在市场经济合同自由与违反行政管制的利益价值之间作出衡量。

（二）基于合同是否可撤销的分析

在主张合同无效之外，不乏订立“双合同”的购房者向法院诉请撤销合同的实例。如在“彭某等与长沙某置业有限公司商品房预售合同纠纷”[②] 中，购房者主张开发商将购房与装修捆绑销售，存在欺诈行为，请求法院撤销装修合同。在“郭某与广州某建筑安装工程有限公司等装饰装修合同纠纷”[③] 中，购房者主张开发商利用优势地位、利用房屋购房者没有经验致使双方权利义务明显违反公平、等价有偿原则，构成显失公平，要求撤销装修合同。法院对于该等主张未予支持，裁判要旨可归纳为：装修合同并非独立于商品房买卖合同，购房者签约时明知购买房屋所支付总价款包含房屋装修费用；装修合同明确约定装修价格较通常市场价格偏高，结合缔约时房地产市场现状背景，购房者应知或明知“双合同”安排真实意图。

购房者主张撤销装修合同，理由无论是重大误解、受胁迫、被欺诈，抑或构成乘人之危（《民法总则》施行后，重大误解、受欺诈、受胁迫仍属合同可撤销事由，乘人之危则在显失公平中进行规定[④]），核心都在于举证意思表示不真实，而在开发商出于风险防范普遍通过明显方式或书面文件使购房者知悉或同意“双合同”安排的情况下，购房者该等诉请难以获得支持。根据《最高人民法院关于适用〈中华人民共和国民事诉讼法〉的解释》第109条之规定，欺诈、胁迫等事实的证明，显著高于民事举证一般的“高度盖然性”规则，需达“确信该待证事实存在的可能性能够排除合理怀疑”标准。至于司法实践中被购房者频繁提及的显失公平，即便是在《民法总则》施行之前，法院

① 参见广东省广州市中级人民法院民事判决书（2018）粤01民终15725号。

② 参见长沙市中级人民法院民事判决书（2015）长中民三终字第04772号。

③ 参见北京市第二中级人民法院民事判决书（2017）京02民终4483号。

④ 自2021年1月1日起施行的《民法典》关于“合同可撤销”情形的相关规定，与《民法总则》一致。

认定显失公平需要同时检视主观要件和客观要件，[①] 而《民法总则》对此司法立场进行了明确，对于《民法通则》及《合同法》区分乘人之危与显失公平的做法作出改变，规定了主客观两方面的构成要件。因此，以显失公平为由撤销装修合同，需首先认定开发商利用购房者处于危困状态或缺乏判断能力等情形，该等情节的举证无疑也难度极大。

但转换角度来看，商品房买卖市场的“卖方市场”特征明显，尤其在房价持续走高的语境下，购房者比之开发商的议价能力和专业经验相对不足，在某些特殊实例中认定满足主观要件也并非不可能。而至于客观要件的审查，如将装修合同独立审查，其恐怕难以契合“公平”“等价有偿”等判断标准，虽然笔者对此持保留意见，但司法实践中已出现的将房屋买卖合同与装修合同效力独立认定的案例，[②] 说明该等风险确实存在。

（三）“双合同”效力认定的仲裁实践

仲裁作为房地产行业争议解决的另一重要手段，以尊重当事人意思自治、注重行业商事惯例为显著特点。此外，仲裁机构受理案件基于当事人合意，不受层级或地域管辖限制，更能免于地方保护主义影响而恪守中立。反映在房屋买卖“双合同”纠纷处理关于合同效力的认定上，便是仲裁庭充分践行“合同自治”原则，注重对于商业交易模式的理解。

以北京仲裁委员会 / 北京国际仲裁中心受理的王某与北京某装饰工程有限公司的涉“双合同”纠纷为例，仲裁庭经审理认为，结合合同约定及缔约背景，购房者与其他相关方签订的商品房买卖合同以及装修合同，是为实现案涉房屋买卖之交易目的而设计的一系列交易合同的组成部分；装修合同作为房屋买卖合同之附属协议，是购买案涉房屋交易合同一部分。故此，对于装修合同效力不作单独区分判断，并基于当事人真实缔约意思认定装修合同有效；而装

---

① 该立场形成应主要归因于最高人民法院 1988 年发布的《关于贯彻执行〈中华人民共和国民法通则〉若干问题的意见（试行）》，其第 72 条规定，在认定构成显失公平时，应既具有一方当事人利用优势或者利用对方没有经验的情形，又存在双方约定的权利与义务明显违反公平、等价有偿原则的情形。（参见武腾：《显失公平规定的解释论构造——基于相关裁判经验的实证考察》，载《法学》2018 年第 1 期）

② 如在“武汉某房地产开发有限公司与童某装饰装修合同纠纷”中，法院认为，双方所签订的《武汉商品房买卖合同》与《房屋委托装修协议》系两个相对独立的合同，并判决仅解除《房屋委托装修协议》。[参见湖北省武汉市黄陂区人民法院民事判决书（2018）鄂 0116 民初 6595 号]

修合同约定的装修款，则视作购买房屋总价款的组成部分。

三、关于“双合同”违约责任问题

整体而言，在“双合同”模式下，虽然装修合同（甚至房屋买卖合同价款部分）存在被认定为无效或者被撤销的风险，但维持合同效力似更能彰显当事人的真实缔约意思。下文将要讨论的是，在认定合同有效前提下，相关违约责任的处理问题。

（一）减价责任的讨论

1. 基于司法实践的分析

房屋装修性质上属于承揽，《合同法》第262条[①]明确规定承揽人交付的工作成果不符合质量要求，定作人可以要求承揽人承担减少报酬等违约责任。在本文讨论的“双合同”模式下，购房者以实际交付房屋的装修价值不符合约定装修标准为由要求开发商或第三方退还装修款差价的案件为数众多。

如在“蒋某等上诉北京某房地产开发有限公司等商品房预售合同纠纷”[②]及“李某与广州某物业发展有限公司等商品房预售合同纠纷”[③]中，购房者主张实际交付房屋的装修造价与约定标准不符，故而要求退还装修差价。法院裁判要旨可归纳为：装修合同约定费用并非单纯为房屋室内装修价值，应客观理解为包含房屋自身价值，属于房款一部分，故对购房者要求返还差价的诉请不予支持。该等裁判意见，无疑是基于对“双合同”模式真实缔约意图的反映。但在此之外，也有法院判例并非持此裁判思路，如在“翟某与南京某房地产开发有限公司商品房预售合同纠纷”[④]中，购房者认为开发商交付的房屋不达标，要求开发商按照实际装修价值与约定装修标准的差价向其赔偿。法院认为开发商应受装修标准约束，并基于造价鉴定结果判令开发商向购房者支付装修款差价。

就法院对于一般的带装修商品房销售合同纠纷处理而言，如若房屋买卖合

① 在自2021年1月1日起施行的《民法典》中，对应为第781条。

② 参见北京市第二中级人民法院民事判决书（2016）京02民终5610号。

③ 参见广州市中级人民法院民事判决书（2015）穗中法民五终字第5320号。

④ 参见江苏省南京市中级人民法院民事判决书（2017）苏01民再16号。

同仅约定装修标准，而未约定装修所用材料的具体品牌、型号、数量等，购房者主张装修不达标而要求退还差价，一般基于两个维度判断装修价值标准。其一是“主观价值”，即价值经由当事人在自由市场中的实际选择得到体现，只要当事人主观上认为具有等值性即可，客观上价值是否对等在所不问。其二是“客观价值”，即认为商品价值客观存在，需检视客观价值是否对等。如果当事人在缔约过程中地位平等、意思自由，满足“缔约程序正义”，则采“主观价值”标准，尊重当事人谈判的结果；如果缔约程序正义无法保障，则采用“客观价值”标准，需要判断合同的内容是否平等、均衡。[①] 对于“客观价值”的界定，在司法实践中通常需以司法鉴定方式进行判断。

在“双合同”模式下，装修合同的实际意义更多表现在价款层面，故其对装修标准的约定往往较为粗略。以前述带装修商品房销售合同纠纷处理思路来看，如认为订立“双合同”的购房者与开发商缔约地位平等、意思自由，则不宜认定装修标准不达标进而裁判返还差价。如裁判者通过当事人举证或基于综合情况认为，合同程序正义未获得保障，则可能以“客观价值”认定装修标准不达标，进而支持购房者差价返还主张，启动造价鉴定便是较为明显的信号。

2. 关于仲裁实践的分析

前已述及，仲裁处理房屋买卖“双合同”纠纷充分探寻当事人缔约真意，这不仅表现在合同效力认定层面，也表现在合同履行判断层面。在仲裁实践中，也有为数众多的当事人基于装修标准不达标而要求开发商或相关合同主体返还装修差价。一方面，仲裁庭对于装修款和装修标准的理解，以当事人商事交易模式为基础。有仲裁庭明确指出：装修合同约定的装修款本质上是购买房屋总价款的组成部分；装修款不能仅理解为案涉房屋装修施工成本的狭义对价，进而不应构成案涉房屋装修交付标准或者衡量装修标准是否达到约定要求的标准。故而，对于购房者要求返还装修差价的主张，一般不予支持。

另一方面，在个别仲裁案件中，开发商或相关主体存在明显与合同约定不符的履约行为，如未进行装修或装修标准根本性违反房屋买卖合同及装修合同约定，仲裁庭基于公允原则经审理也会裁决差价之返还。如在“李某与

---

① 参见李骏、睢晓鹏：《全装修商品房预售合同纠纷中的三个难点问题》，载《人民法院报》2020年3月5日第7版。

北京某装饰工程有限公司的争议仲裁案”中，仲裁庭指出，案涉房屋装修标准应当按照装修合同约定的装修方案、装修内容等技术要求予以理解，而不能将实际装修工程造价是否达到购房款中包含的装修款金额作为对装修标准的定义，或判断实际装修是否达到约定的衡量标准。故该案仲裁庭限于“装修标准明显不一致项目”及“未施工项目”委托造价鉴定，部分支持了购房者返还装修差价的仲裁请求。

（二）违约金责任的承担

在房屋买卖过程中，购房者未依约支付房款，开发商未依约交付房屋或办理房产证，都可能导致违约金支付责任。如果当事方存在违约情形，依约或者依法应向对方支付违约金，并无争议。在“双合同”模式下，需重点注意的是违约金基数的认定。

在“黄某与广州某房地产开发有限公司商品房预售合同纠纷”[①]中，开发商未能在合同约定期限办妥房地产权证，其仅愿以房屋买卖合同所载价款为基数向购房者支付违约金。一审法院在认定违约金计算基数时，未将装修款计入房屋交易总价款；二审法院则认为房屋实际交易价款应为买卖合同价款与装修价款之和，并以此为基数支持购房者的违约金诉请。在“广州某物业发展有限公司与雷某商品房预售合同纠纷”[②]中，因购房者未能依约支付房屋价款，法院判决购房者向开发商支付以房屋买卖合同和装修合同总价款为基数计算的逾期违约金。

在“双合同”模式下，购房者与开发商权利义务需作统筹考虑，否则将产生权利救济的错位，也将导致实质上的不公允。购房者与开发商因迟延履行主要义务所产生的违约责任应当对等平衡，体现在违约金计算上，便是均以房屋买卖总价款为基数。

（三）其他相关责任的分析

既然房屋买卖价款宜认定为房屋买卖合同与装修合同二者价款之和，如若购房者在支付房屋买卖合同价款后未依约支付装修合同价款，开发商可否据此迟延交付房屋？

在房地产行业中，房地产开发项目所占用资金量庞大，及时回笼资金对于

① 参见广东省广州市中级人民法院（2018）粤01民终15723号。

② 参见广州市南沙区人民法院民事判决书（2016）粤0115民初3688号。

房地产开发商而言十分迫切和重要，故而一般都明确约定购房者需在较短期限内付清房款。即使合同未作专门约定，支付购房款是购房者的主给付义务，购房者若迟延履行，开发商可基于“先履行抗辩权”迟延交付房屋。如在“孙某与增城某物业发展有限公司等商品房预售合同纠纷”[①]中，购房者已经支付房屋买卖合同价款及第一期装修款，装修余款未支付。法院认为，装修款实为总购房款一部分，购房者在未付清总购房款的情况下诉请开发商交付涉案房屋并支付逾期违约金不符合法律规定。

“双合同”的订立，除了购房者与开发商，往往涉及第三方装修公司。可作探讨的是，购房者在寻求权利救济过程中可否要求第三方装修公司承担共同责任？

虽然在合同表象上，第三方装修公司作为合同当事方，但在“双合同”安排中并不承担实质权利义务，也无需承担相应责任。以法律关系相近的“借名购房”[②]作比，后者的裁判规则便是查明房屋的真正权利人，由其享有权利、承担义务。更何况，购房者明知甚至同意“双合同”模式下第三方装修公司的实际地位，在此意义上也不存在保护善意的法益。司法实践中，有购房者主张由装修公司承担共同责任，法院基于装修合同与房屋买卖合同密切关联性及装修公司法律地位独立性等考虑未予支持。[③]当然，此裁判思路并非尽然适用所有“双合同”纠纷，如装修公司在合同项下实质性地承担装修义务，其交付的成果不符合要求，也可能涉及责任的承担；至于是否承担共同责任，则需视有无合同及法律依据。

四、结语

在房地产限价政策之下，房屋买卖“双合同”作为购房者、开发商及相

① 参见广州市中级人民法院民事判决书（2016）粤01民终14541号。

② 借名购房，是指在房屋买卖过程中，实际出资人因不能或不便以自己名义购买房屋，经与他人协商征得同意后借用他人名义购房并将房屋产权登记在他人名下，由实际出资人享有房屋权益，从而导致房屋的法律权属和事实权属分离的行为。

③ 如在“梁某等与广州某房地产开发有限公司、广州某建设有限公司商品房预售合同纠纷”中，法院认为，装修合同的签订主体虽然为装修公司和购房者，装修合同与商品房买卖合同密不可分，装修款实为房款一部分；而装修公司与房地产开发商各为独立企业法人，即使房地产开发商存在违约行为需承担违约责任，装修公司亦不应与其共同承担责任。[参见广州市花都区人民法院民事判决书（2016）粤0114民初1563号]

关主体之间的特殊安排，涉及法律、政策、行业等多层次问题，因而在纠纷解决层面存在复杂性和不确定性。通过前述裁判案例分析不难看出，关于房屋买卖“双合同”纠纷的处理，无论是合同效力的认定，抑或违约责任的承担，核心都在于裁判者的价值权衡，以及必要的个案考量。

就合同效力而言，在“双合同”安排下，装修合同是否构成虚假意思表示、是否存在非法目的或者违反公共利益而应被认定为无效；以及是否构成双方缔约能力不平等且显失公平情形而可以被撤销，都难谓有确切定论，既有判例也存在可推敲的空间。在合同有效的语境下，购房者是否可要求返还装修差价、要求装修公司承担违约责任，也无统一裁判意见，个案风险较为突出。

在政策压力之下，法院司法实践可能从争议解决后端对当事人“双合同”交易安排加以更多规制；而作为房地产争议解决另一重要方式的商事仲裁，关注行业实务操作并注重当事人意思自治，在否定合同效力、认定违约责任等方面持更为审慎态度。

买卖型担保的法律效力研究

郭富宸*

● **摘　要**

买卖型担保，即以签订买卖合同的方式担保借款债权的实现，这在债权融资市场已算不得什么领异标新的稀罕事了。但法律发展的脚步往往跟不上时代变化的节奏，现行有效的法律和司法解释均没有对买卖型担保的效力作出规定。根据其属性和功能，应当认定，买卖型担保合同的本质是一份担保合同，但由于其违反物权种类法定原则，且不满足物权变动的公示要件而确定、终局地不发生物权效力。作为一份合同，若其不具有合同法上的效力瑕疵，则该合同具有完全的债权效力。债权人根据买卖型担保合同所享有的是一种意定担保债权，其有权于债务人不履行到期债务时，请求担保人履行合同义务，移转担保财产的所有权，同时须经清算以平衡债权人与债务人之间的权利义务关系，这应当算作对流押条款无效的缓和。

● **关键词**

买卖型担保　担保合同　物权法定　意定担保债权　清算

Abstract: The sale guarantee, that is to guarantee the realization

---

* 郭富宸，中央财经大学法学院，民商法学硕士研究生。

of the loan creditor's rights in the form of signing the sale contract, is nothing new at present. However, the development of law often fails to keep up with the changes of the times. The currently effective laws and judicial interpretations do not regulate the effectiveness of the sale guarantee. According to its nature and function, it should be recognized that the essence of the sale guarantee contract is a guarantee contract. However, it violates the principle of numerus clausus, so it does not have the effect of real right, nor is it bound by the mortgage of goods in flow. As a contract, if it does not have defects in the validity of contract law, the contract has full effect of obligation. As a kind of consensual secured creditor's rights, the creditor has the right to request the guarantor to perform the security contract and transfer the ownership of the secured property when the debtor fails to perform the due debts. Meanwhile, it must be liquidated to balance the rights and obligations between the creditor and the debtor, which can be regarded as the alleviation of invalid mortgage of goods in flow.

Key words: sale guarantee, guarantee contract, the principle of numerus clausus, consensual secured creditor's right, liquidate

一、问题的由来:《九民纪要》的粗疏规定

《全国法院民商事审判工作会议纪要》(法〔2019〕254号)(以下简称《九民纪要》)统一了全国法院在审判业务中对让与担保的态度，肯定了清算型让与担保的物权效力，明确规定:“债务人或者第三人与债权人订立合同，约定将财产形式上转让至债权人名下，债务人到期清偿债务，债权人将财产返还给债务人或第三人，债务人到期没有清偿债务，债权人可以对财产拍卖、变卖、折价偿还债权的，人民法院应当认定合同有效。合同如果约定债务人到期没有清偿债务，财产归债权人所有的，人民法院应当认定该部分约定无效，但不影响合同其他部分的效力。”这不得不令人联想到与让与担保的名称和功能都极为相近、被部分学者称为“后让与担保”的担保方式。后让与担保，实际上是一种买卖形式的担保，即在借款合同中，为担保债权人的债权，由债

务人或者第三人与债权人在借款合同之外另签一份买卖合同（通常是商品房买卖合同），若债务人到期偿还了借款债务，则不履行买卖合同；若债务人不能清偿到期的借款债务，则直接履行该买卖合同，债权人有权请求出卖人按照合同内容交付商品房并移转房屋所有权，且无须多退少补。对于此种担保方式，《九民纪要》仅用寥寥数语写道，“后让与担保”不具有物权效力、不属于让与担保，[①] 但对其在借贷以及担保法律关系中究竟产生怎样的法律效力并未加以详述，这不免会引人深思：“后让与担保”为何不具有物权效力？其与让与担保又有着怎样的联系和区别？司法实践中对于此类担保的效力如何认定？本文将对这些问题一一予以分析。需要特别说明的是，“后让与担保”的概念尚未在理论界达成统一性认识，亦不是一个严谨的法律术语。为避免不必要的歧义，本文将以“买卖型担保”代指这一法律关系。

二、买卖？担保？买卖型担保的面目释疑

买卖型担保究竟是买卖还是担保，看似是一个不言自明的问题：若债务人到期不能清偿债务，债权人有权请求债务人或第三人交付目标房屋并移转房屋所有权，显然是一份为担保借款债权实现而订立的担保合同。但这仅是从学理上所作的解释，法律上并无统一规定，《最高人民法院关于审理民间借贷案件适用法律若干问题的规定》第 24 条似乎有意回避了这一问题，[②] 司法实践中对于买卖型担保合同究竟是买卖合同还是担保合同也有不同的解释路径，[③] 因此有必要对此予以释明。

（一）买卖与买卖合同

从广义上理解，买卖可以分为物的买卖和权利的买卖。物的买卖是指以物为对象的买卖，它包括特定物的买卖和种类物的买卖。权利的转让是指转

---

① 参见最高人民法院民事审判第二庭编著：《〈全国法院民商事审判工作会议纪要〉理解与适用》，人民法院出版社 2019 年版，第 405—407 页。

② 《最高人民法院关于审理民间借贷案件适用法律若干问题的规定》第 24 条第 1 款规定：“当事人以签订买卖合同作为民间借贷合同的担保，借款到期后借款人不能还款，出借人请求履行买卖合同的，人民法院应当按照民间借贷法律关系审理，并向当事人释明变更诉讼请求。当事人拒绝变更的，人民法院裁定驳回起诉。”

③ 认定为买卖合同的判决参见最高人民法院（2011）民提字第 344 号民事判决书；认定为担保合同的判决参见最高人民法院（2013）民提字第 135 号民事判决书。

让各类法律上许可转让的权利，转让的对象包括绝大多数债权、物权以及部分特殊的人身权（主要指法人名称权和自然人肖像权的部分权能）。但从狭义上理解，买卖仅限于有体物买卖，我国《合同法》所规定的买卖主要是指此类买卖。①

根据《合同法》第130条，买卖合同是出卖人转移标的物的所有权于买受人，买受人支付价款的合同。该规定一方面表明，买卖合同的根本目的在于发生标的物所有权的变动，所以，出卖人仅仅交付标的物是不够的，还必须移转标的物的所有权；②另一方面也表明，买卖合同是典型的双务、有偿合同，买受人支付价款与出卖人转移标的物所有权互为对待给付义务。

（二）担保与担保合同

债的担保是指按照法律规定或者当事人的约定，通过增加一般责任财产的范围或将某个一般责任财产特定化或丧失一定数额的货币等方式，来保障特定债权完全实现的法律制度。③担保具有从属性、补充性和单务性的特征。从属性是指担保法律关系须依附于被担保的主法律关系而存在，主法律关系不存在时，担保法律关系将无所附丽；补充性是指，在主债务履行期届满，债务人不履行债务的情况下，债权人才具备行使担保权的条件。对于债务人来说，主合同义务是第一顺序的义务，担保合同的义务是在第一顺序义务不能得以履行的情况下具有补充性质的第二顺序义务；单务性是指，担保人仅仅向担保权人负担担保义务而不享有权利，担保权人仅仅对担保人享有权利而不负担对待给付义务。④

担保合同是指债权人与担保人订立的，通过一定方式保障特定债权完全实现的合同。⑤《合同法》未对担保合同进行专章规定，根据《担保法》的规定，担保合同包括保证合同、抵押合同、质押合同和定金合同。⑥基于担保所具有的从属性、补充性和单务性特征，担保合同为从属性合同、补充性合同、

① 王利明:《合同法研究》(第三卷)，中国人民大学出版社2018年版，第47页。

② 王利明:《合同法研究》(第三卷)，中国人民大学出版社2018年版，第44页。

③ 杨会:《担保法》，北京大学出版社2017年版，第18页。

④ 参见杨会:《担保法》，北京大学出版社2017年版，第4—6页。

⑤ 杨会:《担保法》，北京大学出版社2017年版，第18页。

⑥ 随着商事交易的日渐活跃，担保合同还应当包括保留所有权买卖合同、让与担保合同等非典型担保合同，但这不是本文讨论的重点。

单务合同。

（三）买卖型担保合同是担保合同而非买卖合同

以签订买卖合同担保借款债权的实现之所以在实践中常被称为“担保型买卖”，是因为法院在立案时通常会以买卖合同纠纷作为案由。[①]但这类买卖合同与一般的买卖合同有着本质差别。第一，买卖型担保合同是借款合同的从合同，它的存在以借款合同的存在为基础，伴随着借款债务的清偿和消灭而消灭，具有从属性；而通常的买卖合同不是从合同，能够独立发生效力，不以他种法律关系的存灭为前提条件。第二，买卖合同中的“交付标的物”和“移转标的物所有权”均是必然、终局、确定的，否则将无法达到合同目的；而在买卖型担保中，“交付标的物”与“移转标的物所有权”均为或然的、附条件的，买卖型担保合同订立的初衷并非取得房屋所有权，而是为借款债务提供担保，该合同只有在借款合同到期无法清偿的情况下始得具备履行条件，具有补充性。最重要的是，若将该合同解释为买卖合同，则忽略了合同当事人并无支付价款的意思，不符合银货两讫的买卖交易结构：从买卖型担保合同的卖方角度看，其真实意思是如不能按期还债，则把房屋“抵给你”，而不是“卖给你”；从买方的角度看，其并没有支付价款的意思。[②]对于买方在合同订立之时或之前提供给卖方的款项，由于双方仅有借款融资的合意而无买卖房产的合意，其仅为借款合同的标的物而不应认定为购房款。也就是说，若债务人到期不能清偿借款债务，担保人由此负担向债权人交付房屋并移转房屋所有权的义务，而不得要求债权人支付对价，债权人也因此享有请求担保人交付房屋并移转房屋所有权的权利，而无须负担支付价款的义务，具有单务性。

亦有裁判观点认为买卖型担保合同是一种附解除条件的买卖合同：借款到期，债务人还清借款，则终止履行买卖合同；借款到期，债务人不能还清借款，则实际履行买卖合同。[③]法院的这一审判思路难免会使人有牵强附会之感。

---

① 参见最高人民法院（2011）民提字第 344 号“朱俊芳与山西嘉和泰房地产开发有限公司商品房买卖合同纠纷案”；最高人民法院（2013）民提字第 135 号“广西嘉美房地产开发有限责任公司与杨伟鹏商品房买卖合同纠纷申请案”；最高人民法院（2009）民申字第 1600 号“山西羽硕房地产开发有限公司与山西智海房地产开发有限公司买卖合同纠纷再审案”等。

② 高治：《担保型买卖合同纠纷的法理辨析与裁判对策》，载《人民司法》2014 年第 23 期。

③ 参见最高人民法院（2011）民提字第 344 号民事判决书。

根据《合同法》第45条之规定，[①]附解除条件的合同是指合同效力的消灭系于客观的将来的不确定的事实，[②]即已经发生的合同在解除条件成就时失去效力，在解除条件不成就时保持其效力。[③]也即表明，在解除条件是否成就尚无定论时，合同具有完全效力并应当得以履行。但买卖型担保却与此迥异：双方当事人约定在债务人到期不能清偿债务时才移转房屋、办理过户登记，因此在条件附款成就以前，合同并未得到履行。若以约定的条件附款成就（或不成就）之时点为分界点，附解除条件的合同的发展脉络是：履行—解除／继续履行，而买卖型担保合同的发展脉络是：未履行—履行／继续不履行。故买卖型担保虽然饰以买卖合同的外观，但实质上背离了买卖合同的特征，却反而符合了担保合同的各种要件，因而是一种担保合同。

此外，亦可从通谋虚伪意思表示的角度观察买卖型担保所具备的特点。在买卖型担保中，双方一致的意思表示是为借款提供担保，而非买卖房屋，据此可将买卖型担保理解成名为房屋买卖合同实为债务担保合同。按照《民法总则》第146条的规定，虚假的意思表示即房屋买卖合同因其并非出于当事人的内心真意而无效，而隐藏的行为即为借款提供担保的行为则须根据合同法的有关规定对其效力加以判断——担保行为本身并不与强行法相冲突，其效力应当予以肯定。实践中亦有法院采此进路。[④]

三、物权？债权？买卖型担保的权属争鸣

在明确了买卖型担保合同本质上是担保而非买卖以后，接下来面临的一个亟待解决的问题是：债权人根据担保合同享有的权利该当是物权还是债权？而在探讨这一问题之前，我们必须承认，以签订买卖合同作为借贷合同之担保的买卖型担保，由于具有融资灵活、交易成本低等优势，确实能够起到督促债务人积极履行债务的担保功能。对买卖型担保具有担保债权实现作用的肯认是进一步研究该问题的前提。

---

① 《合同法》第45条第1款规定："当事人对合同的效力可以约定附条件。附生效条件的合同，自条件成就时生效。附解除条件的合同，自条件成就时失效。"

② 参见韩世远：《合同法总论》，法律出版社2018年版，第198页。

③ 参见崔建远：《附解除条件不同于合同解除》，载《法学杂志》2015年第7期。

④ 参见最高人民法院（2016）最高法民再113号民事判决书。

（一）物权与物权法定

1. 请求权：从权利内容看权利类型

物权是依法设定的权利形态。物权的本质在于，法律将特定物归属于某权利主体，由其直接支配，享受其利益，并排除他人对此支配领域的侵害或干预。[①]萨维尼和温德沙伊德均承认，物权具有支配性的特征，即指权利人得依自己的意思直接享受物的利益，无须他人意思的介入或合作，[②]因而物权是一种典型的支配权。《物权法》亦对此予以明文肯定。[③]

《物权法》规定了抵押权、质权、留置权三种典型担保物权。此三者或是以占有为公示手段，或是以登记为公示手段，足以产生排除第三人权利的公示效果。而这种“排除第三人权利”的效果正是物权支配性的具象表征。买卖型担保是否具备这样的特征呢？答案显然是否定的。尽管该担保合同是一份单务合同，但房屋的交付和过户尚需房屋出卖人的配合。最为重要的是，由于该房屋之上仅存在一份担保合同，而未曾办理任何物权登记，债权人对标的房屋不享有任何物权和准物权，不可脱离所有权人而凭自己的单方意志对房屋进行支配性活动，因而不属于支配权。

债权人根据合同享有的权利既非支配权，其是否属于请求权、抗辩权、形成权中的任何一种呢？显然，该权利不属于对抗房屋出卖人的抗辩权。进一步观察该权利的特征：只要具备了约定的合同履行条件（即债务人不清偿到期借款债务），有履行请求权的一方即可以通知的方式要求履行合同。如此一来，似乎与作为形成权的合同解除权如出一辙：只要具备了法定或约定的合同解除条件，有解除权的一方即可以通知的方式解除合同。那么是否可以据此将债权人享有的此种权利认定为形成权呢？须注意的是，合同解除权行使的法律后果是使双方现有的权利义务关系归于消灭，享有解除权的一方以自己单方意思表示即可产生这一消极、静态的后果，无需相对人的配合；而买卖型担保合同看似赋予了债权人一个直接取得房屋所有权的权利，但房屋所有权的移转不仅需要相对人的配合，更需满足《物权法》所要求的公示要件，债

① 崔建远：《物权法》，中国人民大学出版社2017年版，第17页。

② 黄泷一：《物权法定原则：普遍理论与中国选择》，法律出版社2019年版，第296页。

③ 《物权法》第2条第3款规定：“本法所称物权，是指权利人依法对特定的物享有直接支配和排他的权利，包括所有权、用益物权和担保物权。”

权人并不可依其单方意思表示即取得房屋所有权，而这恰巧符合了请求权的概念和特征。请求权是一种要求他人为特定行为（作为或不作为）的权利。权利人不能直接支配义务人或支配管领标的物，必须有他人行为的协助，方能实现请求权的内容。[①] 虽然请求权不完全等同于债权，作为支配权的物权和知识产权也具有请求权的权能，但物权和知识产权只有被侵害时才适用请求权。[②] 显然，由于房屋尚未办理过户登记，担保合同的债权人并非房屋的物权人，并不存在债权人的物权受到侵害的可能性；同时，债权人之所以请求履行合同中约定的房屋买卖内容，是因为双方当事人之间的借款合同未能适当履行，买卖关系乃典型债权债务关系，准此以观，债权人的合同履行请求权并非物权请求权，实乃债权请求权。

2. 习惯法：是法律僵化还是要件缺失

《物权法》第5条确立了物权法定主义原则，即物权的种类和内容由法律规定，其反面意思就是物权不得由当事人自由创设。[③] 买卖型担保本不在《物权法》规定的担保类型之列，有学者为给其正名，将其定义为是一种依习惯法而成立的担保物权，并援用物权法定缓和主义，认为通过习惯法确认买卖型担保为一种非典型担保物权不违反《物权法》第5条的物权法定原则。[④]

诚然，为避免过度僵化的物权法定主义阻碍社会进步，确有依习惯法创设物权的必要。然而，物权法定主义的意旨在于构建一个稳定的物权体系、确保物权绝对性和交易安全。因此，即便是采物权法定缓和主义原则，允许依社会生活之普遍习惯创设物权，仍然需要依一定的方法予以公示始得成立。[⑤] 这也就意味着，无论物权法定如何缓和，公示环节都必不可少，否则将无法产生对世效力，终究只得按照债权关系处理。

3. 公示力：分辨预告登记与预售登记

至此就明确了接下来的讨论重点：债权人根据担保合同享有的权利是否已经公示？对这一问题的解答会是将买卖型担保从物、债泥潭中剥离出的关键。

---

① 陈华彬：《民法总则》，中国政法大学出版社2017年版，第249页。

② 参见李永军：《民法总则》，中国法制出版社2018年版，第504页。

③ 崔建远：《物权法》，中国人民大学出版社2017年版，第19页。

④ 参见杨立新：《后让与担保：一个正在形成的习惯法担保物权》，载《中国法学》2013年第3期。

⑤ 参见谢在全：《民法物权论》（上），台湾地区2014年自版，第34—35页。

在买卖型担保中，双方当事人仅签订了一份房屋买卖合同而未办理过户登记，至多会办理一个房屋买卖合同的备案登记或者商品房买卖的预告登记。此种登记是否能够产生公示效力，实践中具有不同的认定。有的法院认为，房屋买卖合同备案登记不具有物权公示效力，不能产生排他性的效果；[①]有的法院则认为，签订房屋买卖合同并办理合同备案登记，即足以产生公示公信力；[②]还有的法院认为，房屋买卖合同的备案登记不具有公示效力，但预告登记则能够产生一定的公示效力。[③]

本文认为，第三种观点诚值赞同。《不动产登记暂行条例》第 1 条开宗明义地揭示了不动产登记的物权意义。[④]该条例第 3 条规定："不动产首次登记、变更登记、转移登记、注销登记、更正登记、异议登记、预告登记、查封登记等，适用本条例。"这八项登记的共同点在于，均与不动产物权的变动休戚相关。若预售登记果真能对物权变动产生重要影响，立法者无论如何也不会在法律文件的开篇就将其省略而用一个"等"字盖其内涵。因此至少可以确认，预售登记在民法上仅具有公示债权债务关系的作用，不具有任何物权意义，其效力仅及于房地产开发企业和买受人，而不应及于任何第三人。实际上，房屋买卖合同的预售登记是房地产行政管理部门对期房销售市场的监管行为，其目的是保护商品房购房人的权益，同时有助于对开发商的预售行为实施监管，维护房地产市场秩序，更多具有的是行政法上的意义。[⑤]这也表明，在办

① 参见浙江省金华市中级人民法院（2014）浙金商终字第 1016 号民事判决书。

② 参见最高人民法院（2013）民提字第 135 号民事判决书；湖南省邵阳市中级人民法院（2014）邵中民二初字第 84 号民事判决书。

③ 参见滕恩荣：《商品房预售合同登记备案不具有物权公示效力》，载《人民司法》2013 年第 10 期。

④ 《不动产登记暂行条例》第 1 条规定："为整合不动产登记职责，规范登记行为，方便群众申请登记，保护权利人合法权益，根据《中华人民共和国物权法》等法律，制定本条例。"

⑤ 《城市房地产管理法》第 45 条第 2 款规定："商品房预售人应当按照国家有关规定将预售合同报县级以上人民政府房产管理部门和土地管理部门登记备案。"《城市房地产开发经营管理条例》第 26 条第 2 款规定："房地产开发企业应当自商品房预售合同签订之日起 30 日内，到商品房所在地的县级以上人民政府房地产开发主管部门和负责土地管理工作的部门备案。"第 36 条规定："违反本条例规定，擅自预售商品房的，由县级以上人民政府房地产开发主管部门责令停止违法行为，没收违法所得，可以并处已收取的预付款 1% 以下的罚款。"《城市商品房预售管理办法》第 10 条第 1 款规定："商品房预售，开发企业应当与承购人签订商品房预售合同。开发企业应当自签约之日起 30 日内，向房地产管理部门和市、县人民政府土地管理部门办理商品房预售合同登记备案手续。"这些规定仅表明，房地产开发企业在行政法上具有办理房屋买卖合同备案登记的义务，若未按规定履行备案义务，则将承担行政法上的不利后果。

理了买卖合同备案登记但未办理法定的物权登记的情况下，房地产开发企业未经买受人同意，擅自将该房屋出卖给第三人的，不妨碍第三人因此取得房屋所有权。

与房屋买卖合同备案登记不同，商品房预告登记则具有物权法上的意义，这是由二者性质上的差异所导致的。预告登记是由《物权法》规定的一种登记类型、担保方法，兼具物权性与债权性，属于民事制度。房屋买卖合同登记备案制度是由《城市房地产管理法》及相关法律文件规定的行政管理措施，属于行政管理制度。① 纳入预告登记范围的请求权，对后来发生的与该项请求权内容相同的不动产物权的处分行为，具有排他的效力，② 能够起到排除第三人权利的公示效果。此时，预告登记的权利人已经在相当程度上具有了物权人的法律地位。也就是说，在商品房买卖实践中，在办理完毕预告登记以后，房屋开发商未经预告登记权利人（买受人）同意，擅自将房屋转让给第三人的，第三人被推定为恶意受让人，将无法获得房屋所有权。

尽管预告登记制度能够产生对抗第三人的公示公信力，但由于此时预告登记权利人尚不是该房屋的所有权人，此种公示公信力也不可产生完全、永久的对抗效力，仅可产生一种附期限利益的效力。③ 因此，即使办理了商品房买卖的预告登记，但未在法定期限内办理本登记的，预告登记同样不发生物权意义上的排他效力。

（二）债权与意思自治

杨立新教授曾撰文写道："从实质上看，对借贷合同发生担保作用的是商品房买卖合同的标的物，而不是该买卖合同的债权。其发生担保作用的链条是：行使买卖合同债权→交付买卖标的物即房屋→房屋价值抵偿债务→消灭借贷债务。因此，商品房买卖合同发生担保作用的不是债权，而是债权的标的物，

---

① 参见程啸：《不动产登记法研究》，法律出版社 2011 年版，第 525 页。

② 《物权法》第 20 条第 1 款规定："预告登记后，未经预告登记的权利人同意，处分该不动产的，不发生物权效力。"《最高人民法院关于适用〈中华人民共和国物权法〉若干问题的解释（一）》第 4 条规定："未经预告登记的权利人同意，转移不动产所有权，或者设定建设用地使用权、地役权、抵押权等其他物权的，应当依照物权法第二十条第一款的规定，认定其不发生物权效力。"参见杨立新：《物权法》，中国人民大学出版社 2019 年版，第 44 页。

③ 根据《物权法》第 20 条第 2 款之规定，预告登记后，自能够办理本登记之日起三个月内未申请办理本登记的，预告登记自动失去效力。

即买卖合同的标的物——房屋，是房屋的所有权转移对借贷合同的债权发生担保作用。”[①] 据此将买卖型担保认定为一种物权担保。

该观点乍一看似乎直戳问题的要害：揭开买卖合同的面纱，将商品房所有权的移转作为担保标的，恰是一种以物权担保债权实现的担保方式。然而，此种观察进路最大的缺陷在于，将目光更多地停留在法律规范层面上，对买卖型担保中蕴含的物权关系进行了过多解读，而对当事人的合意约定未能给予充分的考量。

在灵活多变的现代市场环境中，法定担保类型已越来越不能容纳瞬息万变的商业要求，这才使得当事人不得不在法定担保之外另行寻求意定担保方式，而买卖型担保似乎是一个不错的选择。如果允许在该种担保方式中随意刺破买卖合同的面纱，导致的后果是：将当事人意定的债权强行变换为法定的物权，这在以意思自治为本旨的民法体系，尤其是合同法体系中，恰恰会成为最为人诟病的缺陷。买卖型担保本就是双方当事人意思表示合致而成立的意定担保之债，债的内容是于债务人到期不履行债务时，债权人可取得买卖合同的履行请求权，请求移转房屋所有权，同时原借款合同关系消灭。债权人之所以能够取得房屋所有权，靠的正是债权人根据担保合同享有的债权。将买卖型担保看作担保物权的逻辑链条实则只注重实现担保权利的结果，而忽视了担保权利发生作用的基础原因和当事人的合意。

（三）买卖型担保是债权担保而非物权担保

基于如上分析，买卖型担保缺乏物权公示要件，故以违反物权法定原则为由否定其物权效力是理当认同的，但另有观点以流质流押为由否定债权人取得房屋所有权的权利，[②] 这一做法是值得商榷的。物权法领域以物权法定为基本原则，但也允许通过意思自治的方式调整私人权义关系——处分权是财产权的权能之一，为了保护财产权并实现财产权的最大价值，处分自由是财产权人本有的权利，没有正当理由就不受限制。[③]《物权法》第104条规定，按份共有人对共有财产首先应当按照约定确定份额，该规定同样有突破法律保

---

① 杨立新：《后让与担保：一个正在形成的习惯法担保物权》，载《中国法学》2013年第3期。

② 参见浙江省嘉兴市中级人民法院（2015）浙嘉民再终字第2、3、4、5、6号民事判决书；最高人民法院（2013）民提字第135号民事判决书。

③ 常鹏翱：《论存货质押设立的法理》，载《中外法学》2019年第6期。

护屏障、使出资较少的人获取暴利的可能性。同样地，买卖型担保也是当事人对自己的债权债务关系自愿作出的安排。所有市场主体均要对自己的选择和行为负责：缔约双方均同意在债务人到期不履行还款义务时，债权人将获得一个履行买卖合同的债权请求权，该约定在条件成就时就应当得到履行。由于债务人以该债权请求权担保债权人主债权的实现，故而在买卖型担保合同与借款合同联立的情形下，此种债权请求权的真实性质乃是一种债权担保。

四、让与担保？以物抵债？买卖型担保的性质辨析

在理论界和实务界，关于如何给买卖型担保定性一直争议不断。有认为买卖型担保即为让与担保的，[①] 有将买卖型担保等同于以物抵债的，[②] 亦有学者主张买卖型担保实质上就是一种不动产抵押权。[③] 买卖型担保的性质直接影响着其效力的发挥，因而有必要对买卖型担保的性质予以明晰。

（一）买卖型担保与让与担保

让与担保是指为了保障债权的完全实现，债务人或第三人将自己可处分的财产权利移转给债权人作为担保，履行期限届满债权未获完全清偿，债权人就该权利变价所得价款优先受偿的担保方式。[④] 在让与担保中，债权人取得担保物的所有权，仅以担保债权清偿为目的，并仅得以担保债权清偿为限行使其对担保物的所有权。[⑤]

抛去担保所共有的特征，买卖型担保与让与担保的相同之处还在于，二者在终极上都是寄望于以担保物的价值受偿；两种担保方式通常都以买卖的面貌出现，而买卖合同本身均非真实意思表示。[⑥] 对于二者的不同之处，有学者认为仅在于移转房屋所有权的先后之分：让与担保是在借款合同到期前转移房屋所有权，买卖型担保是在借款合同到期后转移房屋所有权。[⑦] 这一论断其实

---

① 参见最高人民法院（2013）民提字第135号民事判决书；湖南省邵阳市中级人民法院（2014）邵中民二初字第84号民事判决书。

② 参见最高人民法院（2009）民申字第1600号民事裁定书。

③ 参见董学立：《也论“后让与担保”——与杨立新教授商榷》，载《中国法学》2014年第3期。

④ 参见杨会：《担保法》，北京大学出版社2017年版，第220–221页。

⑤ 杨红：《担保物权专论》，人民出版社2006年版，第246页。

⑥ 参见高治：《担保型买卖合同纠纷的法理辨析与裁判对策》，载《人民司法》2014年第23期。

⑦ 参见杨立新：《后让与担保：一个正在形成的习惯法担保物权》，载《中国法学》2013年第3期。

是不准确的。诚如前述，除房屋过户登记外，房屋买卖的预告登记亦可产生有限的物权效力。因此，“买卖合同＋预告登记”的构造也应当认定是让与担保的一种模型，此种观点在司法实践中获得了部分支持。[①] 正是因为二者有如此区别，才导致让与担保因借款到期前已办理完毕物权登记而能够发生物权效力，债权人有权就标的物的变价优先受偿；买卖型担保因在借款到期前可能仅签订房屋买卖合同而未办理物权登记，不发生物权效力，仅发生债权效力。基于债权的平等性，债权人对担保物的变价不享有优先受偿权，也因此在实务界展开了一场如前文所述的关于“房屋买卖合同备案登记能否产生物权公示效力”的大讨论。本文所持立场已在前文阐明。值得一提的是，由于债权具有平等性而不具有优先性，债权人在买卖型担保法律关系中将面临担保权利无法实现的风险，尤其是当债务人破产时，享有债权担保的债权人不像担保物权人一样拥有别除权，此时为保护债权人的利益，应当允许债权人按照担保合同的约定享有履行请求权，请求债务人移转目标房屋的所有权。这看似是“物权优先于债权”的悖论，但实际上，买卖型担保权人并非无担保的一般债权人。其之所以未办理物权登记、未能成为担保物权人，均源于担保合同的约定。根据区分原则，在借款债权届期未获清偿时，债权人有权依照有效的担保合同请求担保人进一步履行担保义务，为债权人办理房屋过户登记。自完成过户登记时起，买卖型担保关系即转化为让与担保法律关系，买卖型担保债权人也即成为担保物权人。从这一角度来看，在买卖型担保合同约定的办理房屋过户日先于别除权人的抵押登记日的情况下，让买卖型担保债权人优位于别除权人获得清偿，也许是有道理的。

《合同法》以合同自由为基本原则。当事人将担保合同覆以买卖形式的外观，首要目的就是便于履行。对于此种新类型担保，只要不存在《民法总则》第153条和《合同法》第52条规定的情形，合同效力应予认可。一味否定其效力，使其条件成就而不得履行，反而违反诚实信用原则。同时，基于公平原则的考虑，应当对房产价值进行清算，多退少补，这样既避免了债权人利益受损，又可防止债务人以显失公平为由进行抗辩，能够平衡双方当事人的权利义务关系。如此一来，即便担保人以流质流押条款无效为抗辩点，此种

---

① 参见上海市徐汇区人民法院（2014）徐民二（商）初字第1045号民事判决书；最高人民法院（2016）最高法民再113号民事判决书。

利益权衡方式也无意冒犯禁止流质流押条款所保护的法益，未可使债权人获得暴利。不仅如此，更可将债权人比拟为在后续变价过程中竞拍成功的买受人，而此种制度建构也类似缩短给付的交易模式——担保人将拍卖成交的房屋交付给债权人，而后在同一个法学瞬间同时发生了两个法律行为：一是债权人向担保人支付全部购房款，二是担保人将主借款债务本息偿还给债权人。最终房款溢价仍回归到担保人手中，在此过程中无一方遭受特别损失，也无一方受有额外利益，实可谓对禁止流押的缓和。

（二）买卖型担保与以物抵债

司法实践中有将买卖型担保视为以物抵债，从而认定合同有效的做法。[①] 尽管本文认同买卖型担保合同的有效性，但将买卖型担保完全等同于以物抵债属实不甚妥当。

以物抵债是指债权人在无法以货币资金收回贷款时，为降低借贷资金风险，而收回借款人相应实物资产以折抵债务的行为。以物抵债协议在性质上是诺成合同还是要物合同，一直是学界争论不休的话题。诺成合同说认为，只要双方就以物抵债达成合意，以物抵债协议就成立；[②] 要物合同说认为，双方不仅需就以物抵债的内容达成合意，还需债务人在协议以外交付抵债物，否则以物抵债协议不成立。[③]

本文持诺成合同立场。首先，以物抵债协议属于无名合同，根据《合同法》第124条的规定，无名合同适用合同法总则的规定，并可以参照适用分则对于最相类似合同的规定。合同法总则中规定的一般合同均为诺成合同，即承诺生效时，合同成立。合同法分则中与以物抵债协议最相类似的有名合同为买卖合同。这是因为，“以物抵债”中的“债”多为买卖合同中逾期的货款或借贷合同中逾期的借款。若为以物抵货款，其经济实质为以物易物的非货币性资产交换。根据《企业所得税法实施条例》第25条，企业发生的非货币性资产交换，其税务处理应当视同销售，因而将以物抵货款的法律关系视为买

① 参见最高人民法院（2009）民申字第1600号民事裁定书；浙江省高级人民法院（2018）浙民申3662号民事判决书。

② 参见肖俊：《代物清偿中的合意基础与清偿效果研究》，载《中外法学》2015年第1期。

③ 参见郑玉波：《民法债编总论》，中国政法大学出版社2003年版，第484页。该观点在司法裁判中获得部分支持，参见最高人民法院（2011）民提字第210号民事判决书。

卖合同关系，可资赞同；若为以物抵借款，则此种法律关系亦趋同于买卖合同关系，即出借人相当于买受人，借用人相当于出卖人，买卖合同亦为典型的诺成合同。无论适用合同法总则的规定，还是参照适用买卖合同的规定，以物抵债协议均应认定诺成合同为宜。其次，《合同法》中各种类型的合同均以诺成为原则，以要物为例外，以物抵债协议作为无名合同更应遵守诺成的原则，除非出于其他目的使要物成为必要。从以物抵债的目的来看，无非是通过标的物所有权的移转偿付无法偿还的金钱债务，债权人的目的即在于取得标的物的所有权。“以物抵债”中的“物”既可能是动产，也可能是不动产、知识产权，标的物的交付并不意味着所有权的移转，要物的存在毫无必要。这也正体现了买卖型担保合同与以物抵债协议的共通之处：均不以标的物的交付作为合同的成立要件。也正因为此，才使得一些法院在裁判案件时将买卖型担保与以物抵债混为一谈。

根据以物抵债协议签订时间与原定给付义务履行期限的关系，可将以物抵债协议分为履行期限届满前达成的以物抵债协议和履行期限届满后达成的以物抵债协议。此种分类的区分实益，一方面，是出于我国物权法上关于禁止流质的考虑，即履行期限届满前签订的以物抵债协议可能会因违反流质条款而部分无效，履行期限届满后达成的以物抵债协议则不存在此种问题；另一方面，以物抵债的标的物的价格在履行期限届满前和履行期限届满后往往存在较大变化，履行期限届满前签订的以物抵债协议可能会导致双方利益失衡，而履行期限届满后达成的以物抵债协议则能够避免这一问题。

因此，相比于履行期限届满前达成的以物抵债协议，法律对履行期限届满后达成的以物抵债协议持更加宽容的态度，即尊重双方当事人的意思自治，无须拍卖、变卖等清算程序，债权人即可按照双方的协议作价和约定安排取得抵债物的所有权。[1]

由此可见，买卖型担保显然不同于以物抵债协议。二者的区别在于，买卖型担保合同签订于借款合同履行期届满前，具有督促债务人积极履行债务、担保借款债权实现的功能；而履行期限届满后达成的以物抵债协议往往是对债权人的一种救济，属于变更债务履行方式，不具有担保功能；履行期限届满前

---

① 参见上海市第一中级人民法院（2015）沪一中民二（民）终字第1283号民事判决书；北京市第三中级人民法院（2018）京03民申95号民事判决书。

达成的以物抵债协议，若已完成物权公示，则其在本质上与让与担保并无不同；若未完成物权公示，则此种法律关系框架类似于买卖型担保，仅发生债权效力，不发生物权效力，一旦债务人不能履行原给付义务，债权人无权就以物抵债标的物变价优先受偿，实践中亦有类似判决。[①]

由于履行期限届满前签订的以物抵债协议书在外观上仍具有流质契约的特征，即使双方在期前对标的物进行折价，亦无法避免标的物价格在期后高涨给债务人带来不利益。因此，当事人事先对折价所作的约定依法应当认定无效。实践中有认为“倘若债权到期之后，代偿物可以折价转让给债权人，那么在债权到期之前却不可以折价，实无根据”[②]，并认定此种情形下的以物抵债协议完全有效、判决债务人按照以物抵债协议书内容交付标的物的，[③]实在不是一种妥洽的做法。

（三）买卖型担保与不动产抵押权

不动产抵押权是指，债权人对于债务人或者第三人不转移占有而为债权提供担保的不动产，当债务人不履行债务时，或者发生当事人约定的实现抵押权的情形时，依法享有的就该不动产变价并优先受偿的担保物权。[④]不动产抵押权作为一种典型担保物权，具备前述担保所具有的从属性、补充性、单务性的特征。买卖型担保与不动产抵押均不以移转标的物占有为成立要件。但不同的是，不动产抵押权是一种排他性的担保物权，债权人对此享有优先受偿权；而买卖型担保，如前所述，是一种意定担保债权，不发生物权效力，基于债权的平等性，债权人不能享有优先受偿权。

理论上，在设定抵押的过程中，抵押人与抵押权人之间就设立抵押而约定双方订立物权行为性质的抵押行为且抵押人协同抵押权人办理抵押登记的抵押合同，属于债权行为。就是说，在承认物权行为规则的法域，抵押之约定为债

---

① 参见浙江省高级人民法院（2018）浙民申3662号民事判决书。

② 刘琨：《以物抵债协议不宜认定为流质契约》，载《人民司法》2014年第2期。作者系对一起买卖合同纠纷的判决进行评析。作者认为“买卖关系不同于借贷关系，买方不同于借方，无弱势地位可言，更谈不上卖方乘人之危、显失公平的情形，不存在侵犯债务人利益的可能性。况且，即便是借贷关系，在债权债务已经形成之后，债务人也不存在急需资金、出于窘境等情况”。

③ 参见最高人民法院（2009）民申字第1600号民事裁定书。

④ 杨立新：《物权法》，中国人民大学出版社2019年版，第208—209页。

权行为，抵押权之设定为物权行为。[①] 买卖型担保更多见于房地产商借贷资金兴建房产，以现在之观念化而未来之现实化房产所有权的移转，来担保借贷债务的清偿。所以，在签订借款合同之时，担保借款债务的目标房屋在客观上尚不存在，房屋所有权转移在客观上当无法实现。而这种情况完全符合我国《物权法》规定的预告登记制度和在建建筑物不动产抵押制度。也就是说，借款人此时抵押的是观念化的房屋。以观念化的房屋设立抵押，所能设立者也仅为合同债权，抵押权则因标的物的客观不存在而绝对无法生成。[②] 在债务人届期不能偿还借款债务、担保人为债权人办理完毕房屋过户登记之时，债权人的身份一跃转变为房屋的所有权人。由此观之，不动产抵押权恰处于买卖型担保法律关系起止两端的中间阶段，债权人有权根据协议安排，不经中间阶段直接成为所有权人，既简化了交易流程，又节约了交易成本。

五、结语：桐花万里丹山路，雏凤清于老凤声

买卖型担保在商业实践日益广泛的今天已经变得越来越常见，对买卖型担保的法律效力研究也显得尤为必要。在现存的法律规范存有漏洞的情况下，要探析买卖型担保的法律效力就要辨析买卖型担保是买卖还是担保、是物权还是债权，并将买卖型担保与让与担保、以物抵债、不动产抵押权等相近制度区分开来，由面到线、由线到点，层层深入、步步为营。

从前文引注的裁判文书来看，买卖型担保已算不上是法学界的新兴事物了。十余年来，无论是理论界还是实务界，无一例外地从“物权法定”“流质契约”角度探究买卖型担保所应有的法律效力。此种观察进路虽在一定程度上剖析了买卖型担保的物权效力和特征，但同时也具有过度解读其物权属性而忽视合同自由的固有缺陷。在传统民法基础理论已无法容纳日趋活泛的担保形式和形态迥异的商业实践的场合，不妨容许当事人通过意思自治的方式建立起能够满足商事活动需要的担保法律关系。这一新的观察路径或许能够弥补传统单向观察角度的不足。当然，在法学研究这条桐花遍布的万里丹山路上，随着法治理论发展的日臻完善和卓越法律人才的次第辈出，雏凤之声终将清于老凤，到那时也许会有更新、更妥帖的理论值得遵循——雄鸡一声天下白。

---

① 唐义虎：《担保物权制度研究》，北京大学出版社 2011 年版，第 60 页。

② 参见董学立：《也论“后让与担保”——与杨立新教授商榷》，载《中国法学》2014 年第 3 期。

国际商事争议解决中的禁止仲裁令制度研究

黄　旭*

● **摘　要**

禁止仲裁令制度有一百多年历史，该制度的亮点是一国法院禁止外国仲裁。签发主体问题上，法官不能主动签发，申请主体包括仲裁协议第三人，法院无需为自然法院。签发场合包括对抗程序、重复程序、关联程序、依据既判力、承认与执行外国法院判决和仲裁裁决。签发条件类似于签发止诉禁令的条件，其中实体性条件为影响仲裁程序公正，程序性条件要求申请不得延迟。签发对象包括当事人、仲裁员、仲裁庭。仲裁庭一般只主动执行仲裁地法院签发的禁止仲裁令。仲裁员和当事人执行禁令考虑执行地因素、属人因素、财产因素、徒刑因素，常采用上诉、禁令、和解救济途径。

● **关键词**

禁止仲裁令　仲裁庭自裁管辖权理论　平行程序　禁诉令　司法审查

Abstract: The history of anti-arbitration injunction is more than one hundred years. The highlight of this system is that a domestic forum prohibits foreign arbitration. In terms of the issue relating to the issuer

---

* 黄旭，武汉大学国际法研究所研究生。

and applicant, judges shall not issue on their own initiative, applicants include a third party to an arbitration agreement, and the forum does not need be a natural forum. Circumstances of issuance include reactive procedures, repetitive procedures, related procedures, res judicata, recognition and enforcement of foreign judgments or arbitral awards. The conditions for issuing anti-arbitration injunctions are similar to those for issuing anti-suit injunctions to stop lawsuits, in which the substantive condition is the fairness of the arbitration procedure, and the procedural condition is the application without delay. Objects of issue include the parties, arbitrators and arbitral tribunals. An arbitral tribunal will generally only actively enforce an anti-arbitration injunction issued by the court at the seat of arbitration. Arbitrators and parties shall take into account the factors of place of execution, people, property and imprisonment when implementing an anti-arbitration injunction, and often resort to appeal, injunctions and conciliation relief.

Key Words: anti-arbitration injunction, competence-competence, parallel proceedings, anti-suit injunction, judicial review

2019年1月15日，美国纽约南区地区法院同意了中海集装箱运输股份有限公司（China Shipping Container Lines Co. Ltd.）禁止被告继续在纽约进行仲裁的禁令申请，签发了永久性的禁止仲裁令。[①] 我国当事人在面对外国仲裁的情况下已有申请禁止仲裁令的实践，但我国国内学者的研究主要对旨在支持仲裁而禁止诉讼的止诉禁令制度进行论述，较少对旨在支持诉讼或其一仲裁而阻碍另一仲裁启动和继续的禁止仲裁令制度进行系统介绍。所以本文对相关理论和司法实践进行分析研究，总结禁止仲裁令的主体资格、签发场合、签发条件、签发对象及其背后法理，归纳禁止仲裁令的执行情况与救济途径，为相关主体提供应对禁止仲裁令制度的思路。

---

① 该法令参见 https://f.datasrvr.com/fr1/619/72956/China_Shipping_v_BPS.pdf（last accessed: June 12, 2020）。

一、禁止仲裁令的起源、发展和现状

在英美法系中，禁止仲裁令（anti-arbitration injunction）[①] 是经仲裁协议当事人或仲裁协议第三人申请，法院签发的旨在阻止当事人、仲裁员、仲裁庭启动或继续进行仲裁的限制性命令。该制度可以追溯至 1895 年英国的 Kitts v. Moore 案（以下简称 Kitts 案）。[②] 该案争议为，在合同和仲裁协议被宣告无效的情况下，法院是否依据衡平法理由对适用禁令来阻止被告启动仲裁程序具有管辖权。在初审中，法院授予禁止被告直到该争议被法院裁决前进一步参与仲裁的禁令。被告上诉，请求撤销禁令，上诉法院拒绝了该项请求，维持了禁止仲裁令。[③]

Kitts 案后，禁止仲裁令经过多国法院司法实践的漫长发展，从仲裁地法院签发发展至外国法院签发，从法院与仲裁庭之间的管辖权冲突发展至法院对不同仲裁庭之间管辖权冲突的协调，从普通法系国家法院发展至大陆法系国家法院，从国际商事仲裁领域发展至国际投资仲裁领域。尤其在最近十年，禁止仲裁令制度得到更加全面的发展。Jaya Sudhir a/l Jayaram v. Nautical Supreme Sdn Bhd & Ors 案（以下简称 Jaya 案）中，面对仲裁协议第三人的申请，马来西亚联邦法院采取了公平标准，并列举了诉讼优势将超过仲裁优势的六种情形。Sana Hassib Sabbagh v. Wael Said Khoury and others 案（以下简称 Sana 案）中，英国法院认为签发禁止仲裁令的法院无需为自然法院（natural forum），通过国际礼让原则进行说理。Golden Ocean Group Ltd v Humpuss Intermoda Transportasi Tbk Ltd（The Barito）案中，Popplewell 法官总结了被告就争议的事项对原告主张仲裁但原告就争议的事项对被告提起诉讼的情形下的七项指导规则，为当事人在此种情形下如何申请中止诉讼，进而阻碍签发禁止仲裁令提供思路。

---

① 禁止仲裁令也被称为反仲裁禁令。因类似于禁诉令的习惯术语，约定俗成的名称应予以保留，可以将禁止仲裁的禁诉令称为禁止仲裁令。为便于区分禁止诉讼的禁诉令和禁止仲裁的禁诉令，本文将专门禁止诉讼的禁诉令称为止诉禁令。

② ［1895］1 Q.B. 253.

③ Hakeem Seriki, *Injunctive Relief and International Arbitration*, Milton Park, Abingdon, Oxon; New York, NY, Informa Law from Routledge, 2015, pp.113–114.

禁止仲裁令被称为当代国际商事仲裁最严重的问题之一。[①]其中，既有临时性的禁止仲裁令，也有永久性的禁止仲裁令。临时性禁令指的是在审判之前或审判期间发布的临时禁令，以防止在法院有机会对案件进行判决之前造成无法弥补的损害。仅在被告收到通知并有机会发表意见后，法院才会发布初步禁令。永久性禁令指的是法院对案件经过最终的实体审理之后发布的没有期限限制的禁令。[②]实践中，英国、美国、加拿大、澳大利亚、印度、加拿大、巴基斯坦、孟加拉国、加勒比地区、巴西、埃塞俄比亚、尼日利亚、印度尼西亚、中国香港特别行政区、法国、瑞士、乌克兰、百慕大群岛等国家和地区的法院都处理过关于禁止仲裁令的案件。各国法律没有直接专门性对禁止仲裁令的规定，但实践表明大部分处理过禁止仲裁令争议的国家法院都认为其有签发禁止仲裁令的权力。一些国家法院在实践中已经签发；一些国家法院虽然没有签发但声明有权签发；少数国家法院声明无权签发。

不同国家地区法院对法院司法审查权力的优先性有不同认识，法院司法审查优先性受到仲裁庭自裁管辖权优先性的限制是无权签发禁止仲裁令的主要原因。仲裁庭自裁管辖权的优先性理论依据在于仲裁庭自裁管辖权理论（competence-competence）的消极效力。仲裁庭自裁管辖权理论指的是仲裁庭有权裁判自己的管辖权，并且法院不能优先于仲裁员对仲裁庭的管辖权作出裁判。[③]其积极效力是确保仲裁庭可以根据自己的管辖权作出裁决，而消极效力则意味着法院在先后顺序方面，不能优先于仲裁员就面临的管辖权异议作出裁决，即优先性。虽然仲裁庭的自裁权没有决定性，在仲裁各个阶段受到法院的控制，法院对仲裁的司法审查的决定性受到广泛支持，但是法院对仲裁司法审查的优先性需要与仲裁庭自裁管辖权的优先性在仲裁的不同阶段进行抗衡。不同国家法院对仲裁庭自裁管辖权理论有不同理解，实践中少数国家法院依据仲裁庭自裁管辖权的优先性拒绝禁止仲裁令制度。因为禁止仲裁令旨在阻碍启动或继续进行仲裁，而非阻碍作出仲裁裁决之后的撤销或承认与执行，所以对于依据仲裁庭自裁管辖权理论不限制或极少限制仲裁启动或

---

① Stephen M. Schwebel, "Anti-Suit Injunctions in International Arbitration: An Overview", in *Anti-Suit Injunctions in International Arbitration*（*Emmanuel Gaillard ed., 2005*）, fn. 1, p.5.

② INJUNCTION, Black's Law Dictionary（11th ed. 2019）.

③ 参见王瀚、李广辉:《论仲裁庭自裁管辖权原则》，载《中国法学》2004 年第 2 期。

继续进行阶段的国家法院而言，其对仲裁庭管辖权的优先性支持，在此阶段具有较为决定性的影响，结果往往是国家法院认为其无权签发禁止仲裁令。

不同国家法院对消极效力的态度主要有三种，即明确接受消极效力、不承认消极效力和认为消极效力存在争议。[①] 例如，法国明确接受消极效力，依据仲裁庭自裁管辖权理论的消极效力极少对仲裁启动和进行阶段进行干预，巴黎初审法院2010年作出了两项拒绝签发禁止仲裁令的裁决。在S.A. Elf Aquitaine and Total v. Mattei，Lai. Kamara and Reiner案中，巴黎初审法院拒绝中止仲裁程序，并且认为一旦仲裁庭组成，法院无权阻止仲裁，拒绝了签发禁止仲裁令的请求。在Republic of Equatorial Guinea v. Fitzpatrick Equatorial Guinea案中，巴黎初审法院再次重申了其立场，并裁定仲裁庭将优先决定与其管辖权有关的问题。此外，法院裁定，法国法院没有任何干预仲裁程序的管辖权，即使仲裁是在法国进行的。[②] 但这并不意味着法国法院不对仲裁进行司法审查，只是限制法院在仲裁裁决作出前阶段进行审查干预，其司法审查往往在作出仲裁裁决之后阶段实行。虽然此类司法实践体现了对国际仲裁的支持，但是其纠错功能可能会因发挥效力的时间过晚，而损害当事人的程序利益。

二、禁止仲裁令的签发

关于禁止仲裁令的签发，以下将按照主体资格、签发场合、签发条件和签发对象进行论述。

（一）主体资格

主体资格包括启动主体资格、申请主体资格和签发主体资格三方面，对应的问题是，禁止仲裁令是否可以由法官主动发布；申请签发禁止仲裁令的主体是否包括仲裁协议第三人；签发禁止仲裁令的法院是否要求为自然法院。[③]

---

① 参见孙南申、胡荻：《国际商事仲裁的自裁管辖与司法审查之法律分析》，载《武大国际法评论》2017年第3期。

② S.R. Subramanian，“Anti-arbitration injunctions and their compatibility with the New York convention and the Indian law of arbitration：future directions for Indian law of arbitration：future directions for India law and policy”，*Arbitration International*，Vol. 34，Issue 2，2018，p.200.

③ 主体资格还涉及仲裁庭是否有签发禁止仲裁令的签发主体资格，因本文以法院签发禁止仲裁令为视角，因此仅讨论签发主体为法院的情形。

第一，在法官能否主动发布禁止仲裁令的问题上，适用国家往往规定须有当事人提出签发禁止仲裁令的申请或对执行仲裁协议的抗辩，法官不能主动发布（例如美国）。[①] 现有涉及禁止仲裁令的案件来看，都是由当事人提出申请，未出现由法院主动签发的情况。从禁止仲裁令的作用来看，发布禁止仲裁令会阻碍仲裁程序的开始或继续，进一步妨碍仲裁裁决的执行，所以在支持仲裁的国际趋势下，只有满足一定限制条件，禁止仲裁令才可能被谨慎发布，法院无权主动签发。从仲裁的保密性来看，在当事人没有申请的情况下，法院无法得知是否存在仲裁，所以也不可能主动签发。当事人既可以单独提起禁止仲裁令申请，也可以与解决实体争议申请一并提起。

第二，申请签发禁止仲裁令的主体包括仲裁协议第三人。从现有实践案例来看，申请签发禁止仲裁令的主体一般是围绕仲裁协议的争议双方，但也存在很多仲裁协议第三人申请签发禁止仲裁令的司法实践。根据仲裁协议第三人与仲裁程序的关系可以分为两种情形。其一，仲裁协议第三人与仲裁程序一方当事人有诉讼关系；[②] 其二，仲裁协议第三人与仲裁程序一方当事人有另一仲裁关系，后一仲裁程序与前一仲裁程序当事人不同。[③] 因为仲裁协议第三人不是仲裁协议的签署方，但签发的禁止仲裁令会影响仲裁双方当事人的争议解决方式，所以法院在签发禁止仲裁令时会更加谨慎。

在 Jaya 案中，虽然申请人 Jaya 不是包含仲裁条款的股东协议的签署方，但他仍试图实现合同利益。2013 年 3 月，马来西亚公司 Nautical Supreme 和 Azimuth Marine 在马来西亚成立了合资企业 Nautilus。该公司的股东为 Azimuth Marine（持有 80% 的股份）和 Nautical Supreme（持有 20% 的股份）。Nautical Supreme，Azimuth Marine 和 Nautilus 拥有包含仲裁协议的股东协议。股东协议限制向第三人转让股权。2015 年 12 月 16 日，Azimuth 将 Nautilus 的 10% 股份转让给了 Jaya。根据股东协议，Nautical Supreme 于 2016 年 10 月在吉隆坡区域仲裁中心对 Azimuth Marine 和 Nautilus 发起仲裁，理由是向 Jaya 的股权转让违反了股东协议。Jaya 声称已与 Nautical Supreme 和 Azimuth Marine 有附带协议。内容包括 Azimuth Marine 持有 Nautilus 80% 的股份，而 Jaya 将

① Restatement（Third）U. S. Law of Int'l Comm. Arb. § 2.30 PFD（2019）.

② ［2011］EWHC 1624（Comm.）.

③ ［2008］Bus. L.R D25.

成为这 80% 股份的受益所有人，且 Jaya 有权直接或通过 Azimuth Marine 的股权获得 Nautilus 的股权。Nautical Supreme 否认附带协议的存在。该案从马来西亚高等法院上诉至上诉法院，然后上诉至联邦法院，Jaya 试图执行其主张的所有权，并寻求禁令以限制仲裁程序的开始或继续进行。马来西亚联邦法院颁布了一项禁止仲裁令，禁止马来西亚仲裁程序，支持马来西亚法院的诉讼，以防止仲裁协议第三人无法得到有效救济。[①]

在该案中，马来西亚联邦法院采取了公平标准，即关于是否授予禁令以限制涉及第三人权利的仲裁程序的主要考虑因素是采取何种做法对各当事人最公平。它不能导致任何一方遭受严重的不利，并且为了实现正义目的，诉讼优势必须超过仲裁优势。特别是在下列六种情形下：（1）如果所有权事项被诉讼和仲裁，则诉讼是最公平的做法，因为诉讼程序非当事人不会被冷落，其权利也不会受到影响；（2）禁令可以防止平行程序导致的冲突裁判；（3）仲裁程序在仲裁协议第三人提起诉讼前启动，则仲裁事项需在诉讼当中重新审理；（4）作出的任何仲裁裁决必然涉及诉讼标的，影响诉讼请求；（5）仲裁和诉讼中的争议重叠，如果上诉人在诉讼中胜诉而第一被告在仲裁中胜诉，一旦仲裁裁决由高等法院执行，那么第二和第三被告就很难遵守裁判；（6）上诉人的请求没有在仲裁程序中表达，但诉讼包括所有重要当事人，而且因为所有相关当事人都参与了这一诉讼，法院程序优先于仲裁的优势显而易见。[②]

第三，不要求签发法院为自然法院。签发禁止仲裁令的法院是否需要是自然法院，这一问题在 Sana 案中得到回答。仲裁申请人认为，正如禁止外国法院程序的禁令一样，在不涉及排他性管辖协议的情况下，英国法院不会限制外国仲裁，除非英国法院是潜在争议的自然法院，即英国法院与仲裁地法院相比，英国法院是更合适的法院。[③] 面对这一观点，David 法官认为需要将该问题作为规则性问题来解答。第一步，需要确认在以压迫和无理缠讼为由签发止诉禁令之前，英国法院必须是自然法院的原理。第二步，需要确认该原理是否适用于禁止仲裁令。止诉禁令的原理来自判例法，涉及间接干涉外

① Federal Court Civil Appeal No. 02（i）-83-09/2018（W）.

② Federal Court Civil Appeal No. 02（i）-83-09/2018（W）, 69.

③ [2019] EWCA Civ. 1219, 102.

国法院的管辖权。因为止诉禁令针对的是服从英国法院管辖权的被告，而不是外国法院本身，所以干涉是间接的，但是禁令的影响仍然被认为是干涉到了外国法院的管辖权。由于禁令违反了礼让原则，所以必须有严格的限制条件使此种干涉正当化，自然法院标准是实现该目标的关键方式之一。David法官指出Goff法官在Airbus Industrie v. Patel案中表示，在英国法院和其他外国法院之间选择时，只有在英国法院是争议解决的自然法院时，止诉禁令才可以向英国法院申请。在此情况下，不会违反礼让原则。礼让原则要求英国法院应该对正当化止诉禁令干涉外国法院的行为有充足的利益或联系。[①]David法官认为该原理不适用于外国仲裁。除以非常间接的方式解除仲裁监督法院的作用外，禁止仲裁令不涉及干涉外国法院的管辖权，且这一作用完全取决于仲裁的后续。[②]虽然止诉禁令与禁止仲裁令同为禁诉令，但是二者对于法院的主体资格要求不同。原因是，礼让原则要求法院不干涉外国法院的管辖权，但止诉禁令侵犯了外国法院的管辖权，所以需要自然法院的标准限制止诉禁令的签发，削弱对礼让原则的影响。但是禁止仲裁令对外国法院的管辖权干涉程度很低，本身较为符合礼让原则，所以无需自然法院标准的限制。

（二）签发场合

从全球范围内禁止仲裁令使用的情况来看，法院在下列五种情形下会签发禁止仲裁令。

1. 在对抗程序中签发禁止仲裁令

此类最常见的签发禁止仲裁令的场合包括：（1）一方当事人提起诉讼，诉讼的被告另行提起仲裁。例如Sana案。[③]（2）一方当事人申请仲裁，另一方当事人申请另一仲裁。例如SGS v. Pakistan案（以下简称SGS案）。[④]在对抗程序和对抗仲裁中，原告、被告或仲裁申请人、仲裁被申请人的诉讼或仲裁地位发生互换。当事人对不同国家法院和不同仲裁地仲裁庭的不同选择，体现当事人对于争议解决方式对实体结果影响的倾向性。

---

① ［2019］EWCA Civ. 1219, 106–107.

② ［2019］EWCA Civ. 1219, 109.

③ ［2019］EWCA Civ. 1219.

④ Julian David Mathew Lew, “Control of Jurisdiction by Injunctions Issued by National Courts”, *International Arbitration 2006: Back to Basics?*, ICCA Congress Series, Vol.13, p.212.

2. 在重复程序中签发禁止仲裁令

此类场合包括：（1）一方当事人提起诉讼，又针对同一被告提起仲裁。例如 Kraft Foods Group Brands LLC v. Bega Cheese Limited 案[①]和 AK Bakri & Sons Ltd（& Ors）v. Asma Abdul Kader Bakri Al Bakri（& anor）案。[②]（2）仲裁申请人提起仲裁，又针对同一仲裁被申请人再次提起仲裁。例如 Elektrim SA v. Vivendi Universal SA 案（以下简称 Elektrim 案）。[③]在重复程序和重复仲裁中，原告或仲裁申请人启动多次诉讼或仲裁的原因可能是原告或仲裁申请人发现另一诉讼或仲裁对自己更为有利，通过多重救济途径保障权益。

3. 在关联程序中签发禁仲裁令

此类场合中，虽然向法院或仲裁庭提出的请求不同，或当事人不同，但这些诉讼或仲裁程序具有关联性，构成关联程序，对于这些诉讼或仲裁合并审理更为合理。例如 Jaya 案。[④]法院为保护仲裁协议第三人的权益，授予针对仲裁协议当事人的禁止仲裁令。

4. 因为裁判结果具有既判力签发禁止仲裁令

此类场合包括：（1）一国法院已对案件作出判决，胜诉的一方可以依据该判决请求法院签发禁止仲裁令，禁止败诉方就同一争议再在外国提起仲裁。例如 Claxton Engineering Services Limited v TXM Olaj-Es GAzkutatO KFT 案（以下简称 Claxton 案）。[⑤]（2）一国仲裁庭已对案件作出裁决，胜诉的一方可以依据该裁决请求法院签发禁止仲裁令，禁止败诉方就同一争议再在外国提起仲裁。例如 Nomihold Securities Inc v Mobile Telesystems Finance SA 案。[⑥]已作出的判决和仲裁裁决具有既判力，就同一争议不得再次提起仲裁。

5. 因为承认与执行外国法院判决或仲裁裁决而签发禁止仲裁令

此类场合包括：（1）一国法院已承认与执行外国法院判决，胜诉的一方请求执行地法院签发禁止仲裁令，禁止败诉方就已承认与执行事项提起仲裁。

---

① ［2018］FCA 549.

② ［2017］SC（Bda）40 Com.

③ ［2007］2 Lloyd's Rep.8.

④ Federal Court Civil Appeal No. 02（i）-83-09/2018（W），69.

⑤ ［2010］EWHC 2567（Comm.）.

⑥ ［2012］EWHC 130（Comm.）.

例如，China Shipping Container Lines Co. Ltd. v. Big Port Serv. DMCC 案。根据禁反言理论，被承认的外国判决具有排他效力。外国判决认定本案当事双方并不存在有效仲裁协议，所以应认定当事人之间没有有效的仲裁协议。因此法院签发法令永久禁止仲裁。[①]（2）一国法院已承认与执行仲裁裁决，胜诉的一方请求执行地法院签发禁止仲裁令，禁止败诉方就已承认与执行事项提起仲裁。

（三）签发条件

禁止仲裁令的签发条件没有成文法规定，法官自由裁量是否签发。在不同国家和同一国家的不同法院以及同一法院的不同案件，禁止仲裁令的签发条件的宽严标准不同，总体上采用与止诉禁令相似的标准。[②] 笔者按照禁止仲裁令申请人申请的实体性影响因素和申请禁令过程中程序性影响因素，将签发条件分为签发实体性条件和程序性条件。

1. 实体性条件

实体条件的主要判断标准为仲裁程序是否公正。很多国家和地区依据仲裁具有压迫性、无理取闹性、不合情理或滥用程序等情形认定仲裁程序不公，进而签发禁止仲裁令。以 Albon v. Naza Motor Trading 案为例。原告在英国提起诉讼，被告以存在仲裁协议为由请求中止诉讼程序。原告声称该仲裁协议中的签名是伪造的。被告在马来西亚启动仲裁，认为应由仲裁员进行初步审查，并推进仲裁程序。原告向法院申请禁止仲裁令。法官认为被告的行为确认同一事项将被审理两次，具有压迫性，特别是在原告没有足够资金跟进昂贵的程序，批准了禁止仲裁令申请。被告上诉，上诉法院维持了禁令，认为重复审理和浪费精力是具有压迫性的。[③] 对于美国法院而言，根据《美国国际商事仲裁法重述》，美国法院在考虑签发禁止仲裁令是否合适时，应考虑是否存在仲裁程序的公正性受到实质和合理怀疑的情形。[④] 我国内地法院没有处

---

① No.15 Civ. 2006（S.D.N.Y. Jan. 15，2019）.

② 虽然 Elektrim 案中法官认为禁止仲裁令的签发标准与止诉禁令的签发条件不一致，但是该案法官没有确定明确的签发标准，且之后的案件采取与止诉禁令类似的签发条件。

③ [2007] 2 C.L.C 782.

④ 考虑因素还包括仲裁地和一般法院授予禁令救济时适用的规则。Restatement（Third）U.S. Law of Int'l Comm. Arb. § 2.30 PFD（2019）.

理过签发禁止仲裁令的问题，但我国香港特别行政区法院在 Lin Ming v. Chen Shu Quan 案中同样认为只有在特殊情况下，如仲裁具有压迫性、无理取闹性、不合情理或滥用程序的情形下，才可以签发禁止仲裁令。法官在本案中没有发现这些情形，拒绝限制仲裁。①

仲裁庭的管辖权成立不合理的情况下，仲裁程序会对当事人造成不公，而仲裁庭的管辖权来源于当事人之间的仲裁协议，所以在当事人之间是否签订了仲裁协议、仲裁协议的有效性存疑、仲裁事项是否属于仲裁协议的范围和争议事项的可仲裁性存疑等情况下，可能不具备仲裁条件，原仲裁庭的管辖权合理性会受到质疑。Sana 案中，英国上诉法院对不同争议是否属于仲裁协议的范围进行区分，维持了不属于仲裁协议范围的资产请求的禁止仲裁令。②Hubco v. Pakistan WAPDA 案（以下简称 WAPDA 案）中，巴基斯坦最高法院大多数意见认为该案涉及刑事犯罪，根据巴基斯坦的公共政策，争议属于不可仲裁事项，维持了下级法院签发的禁止仲裁令。③Lac d'amiante du Canada Ltee v. Lac d'amiante du Québec Ltee 案法院认为当事人放弃了仲裁的权利，反对仲裁庭对自身具有管辖权的认定，签发禁止仲裁令，阻止外国仲裁程序。④甚至在当事人之间存在事前签订的排他性管辖条款的情况下，发生争议后一方当事人违背当事人事前选择争议解决方式，向仲裁庭提起仲裁，例如 Claxton 案。英国法院确信双方之间没有仲裁协议且具有英国法院排他性管辖条款后，发布了禁止仲裁令。⑤禁止仲裁令具有保护功能。具体而言，一方面，签发禁止仲裁令保护了相关当事人诉讼或仲裁的权利；另一方面，为法院或仲裁庭正确行使管辖权提供制度保障。

2. 程序性条件

不得延迟申请禁止仲裁令。申请禁令一方的延迟行为对法院行使裁量权具有重大影响，并且在某些情况下对申请可能是决定性的。在 International

---

① ［2012］HKCFI 328.

② ［2019］EWCA Civ. 1219.

③ Julian David Mathew Lew, "Control of Jurisdiction by Injunctions Issued by National Courts", *International Arbitration 2006: Back to Basics?*, ICCA Congress Series, Vol. 13, p.211.

④ Gary Born, *International Commercial Arbitration* (*Second Edition*), Kluwer Law International 2014, Chapter 8, fn. 291.

⑤ ［2010］EWHC 2567（Comm.）.

FZCO v. Ansol 案中，[①] 申请人与被申请人签订贷款协议，双方同意将争议提交到瑞士苏黎世进行仲裁。英国法院拒绝签发禁止仲裁令。原因在于，一方面申请人参与了瑞士的仲裁程序，外国仲裁程序进展顺利，过晚申请禁止仲裁令；另一方面仲裁和诉讼的争议不一致，只是有部分事实争议重复，所以仲裁程序不具有压迫性。[②]

未及时申请的原因也是法院的考量因素。在 Claxton 案中，法院认为申请人合理地试图通过法令或协议找到办法，以确保在诉讼程序的上诉期间不进行仲裁，但事实证明这是无法实现的。[③] 该案表明，申请人在法院作出决定之前已经尝试采取合理手段阻碍仲裁程序，但未能成功阻止仲裁程序的进行，则未及时申请不能阻止申请人获得禁令。

由于禁止仲裁令对仲裁程序的阻碍作用，实践中常被作为拖延仲裁的策略。尤其在仲裁过程中，一部分当事人或律师认为胜诉无望，在仲裁裁决作出前申请禁止仲裁令，以阻碍仲裁程序进行，防止仲裁庭作出仲裁裁决和进一步仲裁裁决被执行，侵害另一方当事人的合法利益。不得延迟申请禁止仲裁令的程序要求，可以尽量避免此类情况的发生，保障仲裁程序的正常进行。

（四）签发对象

签发禁止仲裁令针对的对象，包括仲裁申请人、仲裁员和仲裁庭。因为争议发生在仲裁申请人与被申请人之间，所以通常法院签发的是针对仲裁当事人的禁令。但是在部分案件中，禁止仲裁令除了针对仲裁申请人，同时也会针对后两者。在 Compagnie Europeene de Cereals SA v. Tradax Export SA 案中，法院认为针对仲裁员签发禁止仲裁令的理论基础在于仲裁协议的三方分析可以视为当事人与仲裁人之间的三方协议。仲裁员审理其管辖范围外仲裁请求违反仲裁协议。[④] 在 Salini Costruttori SpA v. The Federal Democratic Republic of Ethiopia 案（以下简称 Salini 案）中，埃塞俄比亚法院签发了两项禁止仲裁令，其中一项针对 ICC 仲裁庭，另一项针对仲裁申请人。[⑤]

---

① ［2007］EWHC 26（Comm.）.

② ［2007］EWHC 26（Comm.）, 24–26.

③ ［2011］EWHC 345（Comm.）, 45.

④ ［1986］2 Lloyds Rep 301，306.

⑤ ICC Arbitration No. 10623/AER/ACS.

三、禁止仲裁令的执行和对抗禁止仲裁令的救济

按照执行禁止仲裁令的对象划分，可分为仲裁庭的执行和救济以及当事人、仲裁员的执行和救济。事实上，当事人、仲裁员或仲裁庭对于仲裁地法院签发的禁止仲裁令一般会主动执行，但对于外国法院的禁止仲裁令，签发对象一般会认为没有执行禁止仲裁令的义务，在没有相关配套强制措施加强威慑力的情况下，禁止仲裁令往往会被漠视。

（一）仲裁庭的执行及其救济

在仲裁地法院发布禁止仲裁令的情况下，因为仲裁地法院根据本地仲裁法或仲裁庭的仲裁规则拥有对仲裁庭管辖权的监督审查权和撤销仲裁裁决的权力，具有强制执行力，所以执行对象一般会服从仲裁地法院的命令，主动执行禁止仲裁令。但也有例外情况，一些国际仲裁庭认为仲裁地法院违反国际法，超出了法院的监督审查权发布禁止仲裁令，拒绝执行禁止仲裁令，甚至择地开庭审理。

在 Saipem SpA. v. The People’s Republic of Bangladesh 案中，Petrobangla 向孟加拉国最高法院申请并获得了一项禁止 Saipem 继续进行 ICC 仲裁的禁止仲裁令。该案为意大利公司 Saipem 和孟加拉国国有公司 Petrobangla 之间的管道建设纠纷。1993 年 6 月，Saipem 根据合同中的仲裁条款在孟加拉国首都达卡向 ICC 提起仲裁请求。1995 年 11 月 27 日，仲裁庭裁定拥有管辖权。Petrobangla 请求仲裁庭命令对方当事人提交特定文件。因为仲裁庭拒绝了该项请求，Petrobangla 向达卡一审法院提起诉讼，认为仲裁庭侵害了当事人的权利，要求制裁仲裁庭。1997 年 11 月 24 日，孟加拉国最高法院发布禁止仲裁令，禁止 Saipem 进行仲裁。2001 年 4 月 30 日，仲裁庭认为 ICC 仲裁院有权根据仲裁规则解散仲裁员，而任何国内法院没有此项权利。据此，仲裁庭决定继续进行仲裁并就实体问题作出裁决。2002 年 4 月 5 日，达卡一审法院依据仲裁庭拒绝 Petrobangla 的请求，认为仲裁庭行为不当，取消了仲裁庭的裁决权。Petrobangla 请求孟加拉国最高法院撤销裁决，法院认为因为仲裁庭的裁决权已被撤销，所以不存在仲裁裁决，也就不存在撤销仲裁裁决的问题。Saipem 向解决投资争端国际中心提出仲裁请求（以下简称 ICSID），依据孟加拉国和意大利之间的双边投资条约追究国际责任。2009 年 6 月 30 日，ICSID 仲裁庭认为撤销仲裁员的裁决权违反了国际法，要求支付 ICC 的裁决

金额。[①]

在 Himpurna California Energy Ltd v. Republic of Indonesia 案（以下简称 Himpurna 案）和 Salini 案中，面对仲裁地法院发布的禁止仲裁令，仲裁庭同样认为仲裁地法院违反国际法，并在非仲裁地进行仲裁。前者仲裁地原本为雅加达，在海牙开庭；后者仲裁地原本为亚的斯亚贝巴，在巴黎进行审理。[②]一些享有盛誉的仲裁机构的仲裁庭在国际争议解决中越发强势，对法院签发的禁止仲裁令进行评估，与之相抗衡。

（二）当事人和仲裁员的执行及其救济

1. 执行

针对外国仲裁的禁止仲裁令本身没有强制力，但是签发禁止仲裁令的法院的相关配套措施以及被发布对象与签发国的属人联系和财产联系赋予了禁止仲裁令强制力。尤其是当事人和仲裁员作为个人，难以应对法院的强制措施。当事人和仲裁员执行原因主要是担忧被法院裁判藐视法庭，细化考虑因素包括执行地因素、属人因素、财产因素和徒刑因素。

第一，执行地因素。如果禁止仲裁令是由仲裁裁决执行地法院发布，考虑到仲裁裁决的承认与执行需要依靠仲裁执行地法院施行，仲裁庭一般也会主动执行禁止仲裁令。因为执行地法院面对一项其已发出禁止仲裁令的仲裁裁决时，申请人已藐视法庭，承认与执行外国仲裁裁决是帮助当事人实现其通过藐视法庭获得的利益，违反公共政策，应拒绝承认与执行。但如果发布法院国仅是仲裁裁决执行地之一，且惩罚措施不具有威慑力，当事人和仲裁员通常会漠视禁止仲裁令。

第二，属人因素。发布禁止仲裁令的法院地国与当事人具有属人联系时，当事人容易被施以处罚措施。面对法院处罚措施的高度可执行性，当事人往往只能选择执行禁止仲裁令。属人联系不仅会影响当事人执行禁止仲裁令，同时也会影响与发布禁止仲裁令国有属人联系的仲裁员执行禁令。在 SGS 案中，ICSID 仲裁庭面对巴基斯坦最高法院签发的禁止仲裁令仍然继续仲裁，但

① 参见［法］伊曼纽尔·盖拉德：《国际仲裁的法理思考和实践指导》，黄洁译，北京大学出版社 2010 年版，第 71—72 页。

② 参见［法］伊曼纽尔·盖拉德：《国际仲裁的法理思考和实践指导》，黄洁译，北京大学出版社 2010 年版，第 73—75 页。

是其中一位巴基斯坦国籍的仲裁员辞职，不再继续仲裁工作。①Himpurna案中，虽然印度尼西亚法院签发的禁止仲裁令没有针对仲裁员签发，但印度尼西亚籍仲裁员被禁止参与庭审，并强制返回印度尼西亚。②

第三，财产因素。当事人在发布禁止仲裁令的法院国拥有资产，法院可能对违反禁止仲裁令的对象资产进行冻结，也可能因违反禁止仲裁令，被处以高额罚金。在 Petroplus Sul Comércio Exterior SA etal v. First Brands do Brasil Ltda et al 一案之中，巴西马托格罗索州上诉法院作出禁止被告 First Brands 在 ICC 进行仲裁的禁令，并决定：（1）First Brands 必须中止在 ICC 仲裁，等待巴西法院就管辖问题作出决定；（2）如果 First Brands 不服从巴西法院禁令，罚款 50 万美元，并每日追加罚款 20 万美元；（3）原告 Petroplus 不得遵守 ICC 仲裁庭的命令，否则会构成对巴西法院司法主权的侵犯。③在 Himpurna 案中，违反禁止仲裁令的当事人会被罚款每天 100 万美元。在 Companhia Paranaense de Energia（COPEL）v. UEG Araucária Ltda. 案（以下简称 COPEL 案）中，如果违反禁止仲裁令，将会受到每天 40 万美元的处罚。④发布针对仲裁员的禁止仲裁令，仲裁员面对高额的罚金会选择执行禁止仲裁令。例如，某位著名的伦敦海事仲裁员，在一个案件中被美国法院禁止推进仲裁，否则每天罚 50000 美元。⑤参与国际仲裁的仲裁员因为职业需要，会在不同国家进行仲裁，面对美国等国际仲裁业务发达国家的处罚，往往只能选择遵守禁止仲裁令。

第四，徒刑因素。因违反禁止仲裁令，处以徒刑。不遵守禁止仲裁令的当事人被认定为藐视法院，被处以罚金等处罚，其中最严重的威胁是人身监

---

① Julian David Mathew Lew, "Control of Jurisdiction by Injunctions Issued by National Courts", *International Arbitration 2006: Back to Basics?*, ICCA Congress Series, Vol.13, p.212.

② Julian David Mathew Lew, "Control of Jurisdiction by Injunctions Issued by National Courts", *International Arbitration 2006: Back to Basics?*, ICCA Congress Series, Vol. 13, p.207.

③ KLUWER ARBITRATION BLOG, INTERIM MEASURES AND ANTI-ARBITRATION INJUNCTIONS IN BRAZIL, http://arbitrationblog.kluwerarbitration.com/2014/08/04/interim-measures-and-anti-arbitration-injunctions-in-brazil/ (last accessed: June 12, 2020) .

④ Julian David Mathew Lew, "Control of Jurisdiction by Injunctions Issued by National Courts", *International Arbitration 2006: Back to Basics?*, ICCA Congress Series, Vol.13, p.213.

⑤ 参见杨良宜:《破产或债务重整下的止诉禁令》，载《中国海商法年刊》2010 年第 21 卷第 2 期。

禁。在 Mobile Telecommunications Co KSC v. HRH Prince Hussam bin Abdulaziz au Saud 案中判决 12 个月监禁。[①] 该案虽然是拒不执行止诉禁令，但同理可以预见对于严重忽视禁止仲裁令的相关主体，法院会处以人身监禁刑罚。

2. 救济

禁止仲裁令的法律作用是阻止原仲裁程序的启动和继续以及裁决的执行，签发此类禁令在各个阶段阻碍仲裁，威力强大，所以应当谨慎签发。但一旦签发审查过程中存在疏漏，一方面会错误妨碍仲裁庭的管辖权，另一方面会损害当事人的合法利益。在实践中，禁止仲裁令的签发与执行主要有三种救济措施，即上诉、禁令对抗、和解。

第一，向相应法院提出上诉。法院同意或拒绝签发禁止仲裁令一般不具有终局性，当事人可以提出上诉。典型案例是 Sana 案。经当事人申请，英国商事法庭签发了禁止仲裁令，但另一方当事人提起上诉，认为在英国诉讼中提起请求，而该请求可以根据《1996 年英国仲裁法》第 9 条[②] 中止诉讼程序时，法院将不能签发禁止仲裁令。[③] 法院已经确认股权请求事项属于仲裁协议的范围。在这种情形下，法院应受到第 9 条的约束，不应就股权请求事项签发禁止仲裁令。英国上诉法院解除了关于股权请求的禁止仲裁令，维持了关于资产请求的禁止仲裁令。

通过申请中止诉讼程序可以阻止发布禁止仲裁令。Golden Ocean Group Ltd v Humpuss Intermoda Transportasi Tbk Ltd（The Barito）案中，Popplewell 法官总结了被告就争议事项对原告主张仲裁，但原告就争议事项对被告提起诉讼的情形下的七项指导规则。

（1）法院依据《1996 年英国仲裁法》第 9 条获得管辖权或依据其固有管

---

① ［2018］EWHC 3749（Comm.）.

② 第 9 条第 1 款规定：如诉讼针对仲裁协议的一方当事人提出（无论本诉抑或反诉），所涉及的事项依仲裁协议应提交仲裁，该方当事人（经向对方当事人发出通知后）可向诉讼发生地法院提出申请，要求法院中止有关上述事项的程序。第 9 条第 4 款规定：当事人依本条向法院提出申请，法院应同意中止，除非法院认为仲裁协议无效、不可执行或不能实行。宋连斌、林一飞译编：《国际商事仲裁资料精选》，知识产权出版社 2004 年版，第 343—344 页。

③ ［2019］EWCA Civ. 1219，92-93.

辖权（inherent jurisdiction）[①]以中止诉讼。

（2）第 9 条第 1 款只有在被告是书面仲裁协议的一方，且该协议规定提交仲裁的事项被原告提起诉讼时，才可以根据该款中止诉讼。第 9 条第 1 款涉及是否达成仲裁协议和仲裁协议的范围是否涵盖当事人之间实体争议事项。为适用第 9 条，被告必须证明已缔结仲裁协议，仲裁条款适用于基础争议。涉及第 9 条第 1 款的例子是，原告声称书面记录不能证明要约已被接受，或协议不是书面的，或协议是伪造的或由没有权力的人作出的，或者协议不包括基础争议事项。

（3）如果满足第 9 条第 1 款要求，则第 9 条第 4 款规定法院应同意中止诉讼，除非法院确信该仲裁协议无效、不能实行或不能生效。涉及第 9 条第 4 款的例子是，原告声称仲裁协议因欺诈或虚假陈述而无效，或该协议因违法、错误或胁迫而无效。

（4）涉及第 9 条第 1 款或第 9 条第 4 款的争议，必须联系独立的仲裁协议。如果已就仲裁条款达成一致，则应推定当事各方有意通过仲裁来决定是否存在已缔结的基础合同这一问题。

（5）被告必须在法院给予中止诉讼救济前向法院证明其主张满足第 9 条第 1 款要求。除非法院确信诉讼请求属于第 9 条第 1 款范围，否则无权中止诉讼。如果在听证会上听取书面证据不能判断该问题，则必须在依据第 9 条中止诉讼之前对该问题进行审理。但是，法院也可能拒绝对该问题进行审理，并依据其固有管辖权在不解决该问题的情况下中止诉讼。

（6）如果被告的主张属于第 9 条第 1 款范围之内，原告应向法院证明，该仲裁协议依据第 9 条第 4 款是无效、失效或不可实行的。如果法院根据证据无法判断该协议是否为无效、失效或不可实行的，则法院可以命令对该问题进行审理，但不是必须这样做。如果法院拒绝这样做，被告就足以证明该仲裁协议是有效的，因为在这种情况下原告将无法履行第 9 条第 4 款规定的义务，即让法院确信仲裁协议是无效、失效或不可实行的。

（7）法院在决定是否根据第 9 条第 1 款或第 9 条第 4 款对是否具备仲裁条件的问题进行审理，或者是否依据固有管辖权中止诉讼，让仲裁庭解决是

---

① 固有管辖权指的是，法院被授予法定权力审理向其提起的争议，除非法律限制该法定权力。JURISDICTION, Black's Law Dictionary（11th ed. 2019）.

否具备仲裁条件的问题，法院将考虑案件的具体情况。可能具有重要意义的考虑因素包括：

（a）在任何情况下是否具备仲裁条件的问题都将由法院解决。例如，在执行裁决的情况下，有利于法院裁定该问题，而不是首先将其交由仲裁庭。

（b）解决是否具备仲裁条件的问题涉及事实或法律的查明，这些事实或法律的查明是否涉及当事人在基础争议上的实体性权利和义务。如果事实或法律的查明不涉及基础争议的实体性权利和义务，法院可以进行查明，而不会影响被告选择的仲裁庭决定实体争议的权利，因为如果法院查明该问题可以仲裁，则无需法院进一步考虑影响基本实体争议的问题，就可以中止诉讼以支持仲裁庭解决实体争议。另一方面，在确定是否存在有效的仲裁协议这一问题与引起实体争议的问题紧密联系的情况下，对各方可能造成的损害都应考虑在内。如果仲裁庭支持被告，认定可以仲裁，则让仲裁庭解决是否具备仲裁条件的问题，可能会更有效率和更加公正。被告可以一并获得仲裁庭就案件实体争议问题作出的裁决。在此基础上，应权衡原告可能遭受的风险，因为原告可能受到其不同意交由的仲裁庭的仲裁程序和仲裁裁决的影响。

（c）对是否具备仲裁条件的问题进行调查的时间和成本以及解决该问题的速度。如果需要长时间的调查以解决问题，法院将不愿先于仲裁对该问题进行审理。特别是当对是否具备仲裁条件的问题的审理可能广泛地涉及当事人之间有争议的实体事项时，命令对是否具备仲裁条件的问题进行审理通常是不适当的，因为审理难以局限于调查范围内。

（d）已经或将要进行有关相同当事人或其他当事人之间是否具备仲裁条件的问题争议的相关程序。如果在其他程序中已经解决了或将要解决是否具备仲裁条件的问题，法院将竭尽所能，最大限度地减少判决不一致的风险并提供有序的案件管理。

（e）具备仲裁条件的问题争议与英国之间的联系。在此情况下，适用于是否具备仲裁条件问题的法律可能具有重要意义。如果仲裁协议的存在、效力或范围问题适用的法律是英国法律，这将是有利于该问题由英国法院而不是外国仲裁庭解决的一个因素，除非清楚地表现出在法律规则方面没有真正的冲突，或者外国仲裁庭与英国法院一样适用这些法律规则。在此情况下的其他相关因素将包括对当事人向英国法院和向仲裁庭对是否具备仲裁条件问题提出异议的便利性进行比较。考虑因素包括证人、文书的位置和语言等因素以及通常考虑的其他因素。仲裁协议不存在或无效或不适用的情况下，英国法院的管辖条款的适用性也是相关的。

（f）对是否具备仲裁条件的问题的主张的证明力度。如果法院能在阅读相关材料后确定一方当事人在是否具备仲裁条件的问题上有非常有力的理由，法院将考虑该主张。

（g）仲裁庭和仲裁程序质量的优劣，包括仲裁地法院的监督管辖权（supervisory jurisdiction）。如果英国法院拒绝解决是否具备仲裁条件问题，并将其交给仲裁庭审理，原告可以信任仲裁庭，如果他认为没有有效的仲裁协议，他将有机会向仲裁庭证明该观点，仲裁庭随后将拒绝管辖权。对仲裁庭的信任取决于仲裁庭和仲裁程序质量的优劣，由对仲裁程序具有监督管辖权的仲裁地法院对原告给与支持。将是否具备仲裁条件的问题交由原告未同意的仲裁庭处理，对原告的损害程度取决于该仲裁庭能够在多大程度上作出正确裁判。①

相反，在瑞士法院审理的 Shell Petroleum Development Company of Nigeria Limited v. Crestar Integrated Natural Resources Limited 案中，当事人请求法院中止伦敦仲裁，联邦高等法院驳回了申请。但经过上诉，上诉法院最终同意签发禁止仲裁令。② 向相应法院上诉措施的优点是，在同一司法体系下解决禁止仲裁令问题，提供决策法律问题的统一平台。缺点是可能牵涉应诉管辖问题，降低仲裁的可能性。

第二，向法院或仲裁庭申请禁令，对抗禁止仲裁令的效力。禁令对抗具体措施有三个。其一，通过止诉禁令直接禁止当事人进行诉讼。例如，在 Telenor Mobile Communications AS v. Storm LLC 案中，双方签订了在纽约进行仲裁的仲裁协议。一方当事人从乌克兰法院获得了宣布仲裁协议无效的命令。由于美国法院拒绝禁止纽约仲裁程序，乌克兰法院发布了禁止仲裁令。经当事人申请，联邦地区法院签发了止诉禁令，阻止乌克兰诉讼继续进行。③ 其二，禁止获得禁止仲裁令的当事人执行禁止仲裁令，此类禁止待生效或已生效禁令签发的禁令执行的禁令称为反禁令（counter-injunction）。其三，申

① ［2013］2 Lloyd's Rep 421.

② Appeal No CA/L/331M/2015.

③ ［2009］584 F. 3d 396.

请禁止当事人申请禁止仲裁令的预防性禁令。此类禁止受原法院或仲裁庭管辖的当事人在外国法院寻求限制在原法院或仲裁庭继续进行诉讼或仲裁的禁令称为反禁诉令（anti-anti-suit injunction）。[①] 笔者认为禁令对抗是一种会产生激烈禁令冲突的激进措施，其手段强硬，不利于国际争议的解决，其结果往往是两败俱伤，不应作为首选救济措施，但可以作为最后救济手段。

第三，与对方当事人和解。WAPDA 案和 COPEL 案当事人最后都选择以和解方式解决纠纷。相比于上诉和禁令对抗，和解方式更加温和，有利于双方当事人直接进行磋商。其优点在于，与其在部分诉讼程序烦琐的国家进行诉讼，和解方式能够快速解决争议。其缺点在于，缺少对仲裁协议和仲裁程序的审查，可能损害当事人意思自治和合理利益。

四、结语

一百多年间禁止仲裁令制度不断地发展，其影响范围也呈扩大化趋势，尤其近十年。尽管不同国家和地区法院对是否有权签发禁止仲裁令态度不一，但越来越多的国家法院认为其有权签发，背后体现了不同国家地区法院对仲裁庭自裁管辖理论消极效力与司法审查之间博弈的阶段性支持意向。

禁止仲裁令的签发涉及主体资格、签发场合、签发条件和签发对象四个方面，总体上来看法院谨慎签发禁止仲裁令。主体资格既有限制条件也有扩展条件。限制条件要求须有当事人提出签发禁止仲裁令的申请或对执行仲裁协议的抗辩，法官不能主动发布。扩展条件允许仲裁协议第三人在一定条件下作为申请签发禁止仲裁令的主体，因禁止仲裁令对外国法院的管辖权干涉程度很低，较为符合礼让原则，允许签发法院不为自然法院。签发场合和签发对象方面都表现出适用范围广泛的特点，签发场合包括对抗程序、重复程序、关联程序、依据既判力、承认与执行外国法院判决和仲裁裁决五类。签发对象包括当事人、仲裁员、仲裁庭三类。签发条件包括实体性条件和程序性条件。实体条件要求仲裁程序公正，具体而言包括仲裁具有压迫性、无理取闹性、不合情理或滥用程序、仲裁程序的公正性受到实质和合理怀疑、当事人之间没有签订仲裁协议、仲裁协议的有效性存疑、仲裁事项不属于仲裁协议的范围、争议事项的可仲裁性存疑、当事人放弃了仲裁的权利、当事人之间存在

① INJUNCTION, Black's Law Dictionary（11th ed. 2019）.

事前签订了排他性管辖条款。程序性条件要求不得延迟申请禁止仲裁令，防止当事人或其律师将申请禁止仲裁令作为拖延仲裁的策略。

当事人、仲裁员和仲裁庭面对仲裁地法院签发的禁止仲裁令时，一般会自动执行。但如果仲裁庭认为法院签发该禁令的行为违反国际法，则会拒绝执行，尤其是国际上著名的仲裁机构的仲裁庭，采取择地仲裁的应对方式。当事人和仲裁员面对非仲裁地法院签发的禁止仲裁令时，能否强制执行取决于配套强制措施与当事人和仲裁员之间的连接因素的紧密联系。例如，发布法院国是仲裁裁决唯一执行地，当事人或仲裁员国籍为发布法院国，被签发对象在发布法院国存在巨额财产，相关主体可能被处以徒刑处罚。笔者建议依次采取以下三步应对：一是向相应法院上诉，通过申请中止诉讼程序阻止禁止仲裁令。二是与对方私下协商，达成和解。三是向其他国家法院申请禁令，对抗禁止仲裁令。

关于建设工程仲裁案件审理的若干思考

张　忠*

● **内容摘要**

建设工程案件因其标的大、时间跨度较长、技术难点多、专业要求高、案件涉及众多当事人和政策、社会等综合因素较多而显得异常复杂，历来是我国仲裁案件中的重头戏，也是仲裁审理的难点和重点。本文从实务的角度，提出在建设工程案件的实际审理过程中，对程序和实体问题中的一些敏感点、关键点的审理和把握是至关重要的，如工程案件发生的几个时间节点及其法律意义、一些案件的专业复杂难点如工程款、利息、工程质量、建设工程款优先受偿权、停工、窝工等。针对建设工程案件审理中当事人提出仲裁管辖权异议、字迹、公章鉴定、工程造价鉴定等难点也要积极思考相关对策并予以妥善处理。

● **关键词**

建设工程　仲裁审理　难点和重点　思考

Abstract: Construction project cases are one of the most complex types of arbitration cases in China, which involve large objects, long time span, technical difficulties, high professional requirements, multi-

---

* 张忠，法学博士、高级经济师，上海城建集团总法律顾问，上海市企业法律顾问协会副会长。

parties, policies, social stability and other comprehensive factors. From the practical perspective, the article stresses the importance for the tribunal to concentrate on the sensitive and key points in the process of realistic trialing of the construction project cases. For instance, critical dates and their legal significance, project fees, interests, project quality, the priority of compensation for construction fees and so on. In regard to the disputes of arbitration jurisdiction, handwriting and seal authentication, and project cost identification, they must be dealt with properly.

Keywords: construction projects, arbitration practice, difficulties and importance, review

建设工程案件历来是我国仲裁机构受理的案件中占比较大的一类案件。根据2019年统计情况，全国253家仲裁机构共受理仲裁案件486 955件，其中建设工程案件为13 437件，占比2.76%，但从案件标的额占比来看，全国253家仲裁机构共受理仲裁案件的标的额为7598亿元，其中建设工程为1057亿元，占比为13.91%。可见其在我国仲裁机构审理案件中的分量。[①]2019年各地财政和金融机构普遍实行紧缩政策，因而出现了一定的信贷和资金短缺，建设工程案件也将因为资金链的吃紧而呈上升态势。建设工程案件不仅以标的额大引人瞩目，而且因其审理跨度时间长、审理难度极其复杂、技术含量极高、证据多且繁杂、可能涉及人数众多以及涉及可能地方政策的执行和社会稳定考量等特征，仲裁庭在审理时慎之又慎。出于上述考虑，本文拟从仲裁审理的实务角度出发，基于个人办理及审理1000多个案件的经验，就审理建设工程案件作一论述和探讨。

一、程序性审理中的几个关键点

这里说程序性审理除了传统意义上的仲裁程序问题以外，还着重强调在仲裁案件审理过程中自始至终都应当具备的一些理念。

---

① 中国国际经济贸易仲裁委员会主编：《中国国际商事仲裁年度报告》(2018~2019)，法律出版社2019年版，第2页、第6页。

（一）庭前审理工作的重要性

建设工程案件由于其行业的特殊性，从仲裁庭组成后，仲裁庭首先要面对的是双方当事人提交的仲裁申请书、答辩状及大量的证据材料。这里特别要提请注意的是庭前对大量证据的甄别审查工作。由于我国绝大多数仲裁员并不是专职，仲裁庭特别是首席仲裁员在仲裁庭组成以后应格外珍惜仲裁资源，不宜马上安排开庭。应首先就申请人提出的仲裁请求事项以及相应的事实部分、证据部分，被申请人的答辩、反请求、证据等进行预研。

常见的几种庭前审理措施主要有：制作案件审理日程表、发出问题单、举行庭前会议、制作审理范围书。主要目的是就申请人的仲裁请求事项及其法律、合同、事实依据，被申请人提交的答辩书、反请求申请书及其反请求事项的法律、合同、事实依据进行研究。首席仲裁员可以主动向仲裁庭说明并接受仲裁庭委托采取前述审理措施。采取上述审理措施需要仲裁庭的二位边裁、仲裁秘书和双方当事人的良好配合与友善合作。

就庭前审理准备工作中较为重要的庭审提纲这项工作而言，仲裁员可以在对全部案件卷宗查阅以后以时间、事件、当事人主体等为线索将所认识的问题予以全部罗列，以问题式的庭审提纲辅助庭审工作。也可以按照庭审的程序和步骤将各个阶段需要解决的问题予以罗列，按不同阶段的重点问题展开庭审。一份好的庭审提纲不仅可以有效地提高庭审效率和专业度，还大大地减少了开庭的工作量和工作难度。

（二）重视秘书工作对于仲裁案件审理的重要性

首先我们要说尊重仲裁秘书。这是因为他们的工作不仅琐碎又极为重要，从参与组庭、向当事人双方发送相关庭审资料、询问函件、确定开庭日期、接受当事人证据、是否存在当事人的保全申请、发送书面通知等全程参与仲裁审理和庭审结束后的裁决书程序部分起草工作、修改、核稿、向双方送达裁决书以及裁决书发出后的补正、仲裁员费用的申请等一系列工作，还因为秘书每年的办案数量要远远大于任何一个仲裁员，其对案件的数量管理、程序管理和质量管理、审理难点起着举足轻重的角色和各级作用。[①] 特别是在建筑工程案件中，双方当事人可能提交非常繁杂的证据，这个时候可以请秘书事先召集当事人提前核对证据原件并对双方无异议的证据进行记录。有的证

① 张忠：《关于仲裁秘书作用和地位的几点思考》，载《经济研究导刊》2020 年第 9 期，第 2 页。

据如果缺页或者与所列证据目录不一致的也可以及时请当事人进行补正。由此可见秘书工作对于提高庭审效率和当事人最终认可仲裁庭专业审理案件能力的重要性。

（三）庭审中敬重当事人的重要性

我们注意到，一些仲裁员在庭审中采用和当事人“斗智斗勇”的庭审风格。我是不赞成这种做法或者认为要区别对待的。将建设工程案件所涉的重要商事纠纷约定仲裁是当事人对仲裁事业的最大认可和支持，也是当事人对仲裁庭专业及自律的信任。当事人把他们最重要的商事纠纷交给仲裁员，是因为他们相信仲裁员的信誉、对法律的运用能力能够帮助他们解决争议。每一个仲裁员都应当如履薄冰并公平合理地处理每一个案件，维护自己的专业信誉。

二、实体审理中的几个关键点

（一）关于当事人合格主体的审查

在审理建设工程案件时，一个基本认识是一定要有的，即当事人的角色可以是多面的，如申请人可能也是工程造价鉴定的申请人，也有可能是转包人、分包人、挂靠人或者是实际施工人，被申请人有可能是发包人，也可能是转包人、分包人、被挂靠人或者实际施工人。申请人有可能是建设工程价款优先受偿权的权利主体，也有可能是权利客体，反之被申请人也是一样的。

确定当事人是否属于合格主体，法定代表人的签字或者企业用印问题则是不能回避的一个审理重点。这里着重就当事人用印的争议作一阐述。

我们前面说过，建设工程案件是极其复杂的，其中一个复杂度就是当事人用印的查明及其认定。当事人用印包括公司公章、公司法定代表人个人签章、签字或有权代表人的签字、项目部印章、合同专用章、材料章、资料章、技术章、财务章等。一些建设工程由于其时间跨度实在太长、工程技术复杂程度很高等原因，导致工程期间经历的管理人员变动、发包人、施工人变动非常频繁，法定代表人和项目有权代表人的工作变动、施工档案的缺失以及施工管理的混乱严重。当事人一旦出现用印争议，则是仲裁庭必须首先要查明的事实和基本前提。当然，在一些案件中还有另外一种情况即当事人对用印或者签字是心知肚明的，其对用印或者签字的争议是故意的成分更多，也是有意拖延审理程序和裁决时间的。仲裁庭在具体审理中通常只能借助第三方的笔迹或者公章鉴定报告进行审理和裁决，这个问题将在后面的讨论中予以说明。

我们知道，公司公章代表公司行为是无异议的，但有的公司公章在图形花边和印章字体大小方面出现了不同，当事人也就此提出了异议，对此仲裁庭还是要区别对待的。如果双方不能就此达成共识，也只有通过对公章的第三方鉴定加以最终解决了。

关于常见的项目部印章的认定问题。建筑公司承接工程项目后，按照建筑行业惯例是要成立项目管理部即我们所说的项目部。项目部是完全不同于公司的管理部门，它是随着项目的成立而专设，随着项目的完成而终结的，只能是属于公司的一个临时性管理机构，当然也不可能具有法人主体资格。项目部公章是项目公司与业主、施工单位、相关配合单位联系和来往用的。在审理中一般都认为项目部使用公章的行为当然归属于公司行为，其对外签约的合同法律后果当然及于公司。施工负责人以项目部的名义对外实施商事交易的行为，只要项目部的印章为企业合法刻制并合法持有，就应当得到认可。

除工程项目部印章外，关于施工单位项目部技术章、材料章、资料章的效力认定问题，审理中也一般是认可前述印章的对外效力的。其审理的主要思路是，合同相对人根据表见代理主张其权利的，应当举证证明另一方当事人是按照平时的交易习惯用印的，其有充分的理由相信该枚用印是超出其技术章、材料收讫章、资料专用章记载的实际对外专业功能的，仲裁庭也是予以确认的。

从企业用印进一步延伸到建设工程案件中经常遇到的合同抬头与签名、落款不一致时的合同是否成立问题，也是审理工程案件需要解决的一个问题。审理的基本思路是：合同载明的主体与合同签字人的落款、合同印章显示的主体是否完全一致，签订人的签字、印章与合同载明的主体是否一致，合同相对人是否知道或者应当知道加盖印章或签字人签字的真实意思表示，签字人是否具有签订合同的合法资格和相应的履约能力保证；合同相对人是否有证据证明其知道或者应当知道签字人具备或者不具备签订、履行合同的资格及能力；合同相对人是否知道或者应当知道签字人明显不具备合同履行能力的客观情况；签字人与合同相对人就合同内容进行磋商、合意的进程是如何进行及完成的；还要审查合同的签字人是否是公司的法定代表人、授权代表、委托代理人，是否能够有效构成对公司的表见代理；签字人与合同相对人就本合同是否存在一方先履行或互为履行的行为且履行结果是否已被对方以公开或者默认的方式予以接受，或者履行结果虽然没有被对方接受，但签字人与合同相对人就对方的合同主体身份公开提出过异议或公开否认过双方的合同关系等，并进行综合评判。

（二）仲裁庭的专业知识和运用能力都要过硬

我们说仲裁庭专业知识过硬，首先是仲裁庭要在建设工程案件审理中能够做到专家析案、断案。这里着重强调建设工程案件需要特别予以关注的一些经常出现的专业知识。

第一，对建设工程案件中每案必有的时间节点的认识。

建设工程案件审理中，碰到的时间点是非常多的，如开工日期、竣工日期、付款时间、停工时间、验收时间、通车时间、交付时间、投入使用时间、保修期间等。为什么建议把建设工程案件时间节点的顺序理清楚、一个时间节点套另一个时间节点？这是因为建设工程案件的审理只有几个时间点及时间点内的法律事实先确立和梳理清晰了，案件事实部分的审理才能走到下一步。有的仲裁员在审理建设工程案件中，以时间节点的进程撰写“庭审提纲”也是非常有道理的。因此我们说，时间节点的确立是建设工程案件审理中应该充分重视和把握的重中之重。

关于建设工程案件时间的认识，首先就是开工日期、竣工日期的确定。这两个日期确立合同双方当事人开始履行合同的时间点和结束点，以及确定工期的合理性、工期是否存在延误和索赔的问题，其法律意义以及对案件审理的走向非同一般。

实际审理过程中，我们可以从案件所涉及的招投标合同、施工合同、开工令、开工通知单等证明文件中找到并确认合同约定的开工日期。但有些案件实际的开工日期却是与合同约定的开工日期不一致的，这方面的争议案件也是特别多的。在审理过程中我们可以从承包人实际进场的施工时间、写明实际开工日期的工程竣工验收报告、双方确认的会议纪要、工程鉴证等当事人一致确认实际开工日期的证据，还可以从总监理工程师或者项目部发出的开工令、发包方提供满足施工所需的场地、施工图纸、技术资料、其他施工条件的时间以及完成行政审批程序的时间等证据进行审理和确认。

对竣工日期发生争议的案件，可以从发包方对工程竣工的验收记录、写明实际竣工日期的工程竣工验收报告、工程联系单、工程鉴证单、会议纪要、双方来往邮件、施工方提交的竣工验收报告时间和发包人验收结算报告的时间点、施工人催告发包人履行竣工验收义务的时间以及发包人是否存在擅自使用工程及施工方将工程移交发包方的时间、发包方实际占有或投入使用建设工程的时间等相关证据进行审理。

对付款时间的审理和明确，其意义在于直接决定了利息这一法定孳息的应付之日。根据《最高人民法院关于审理建设工程施工合同纠纷案件适用法律问题的解释》第 18 条，施工款项的利息就应从发包方应付施工方工程款之日开始计算并支付。

在开工日期和竣工日期的中间还有一个停工日期，可以从一方当事人向另一方当事人发出的停工令、停工通知等文件载明的停工日期及停工时间文件的实际送达日期、双方签订的补充协议、会议纪要、来往函件、结算文件等证据中确认停工日期，也可以从施工人实际撤出施工现场的时间加以分析和审理。

由于前面已经审理清楚开工日期、竣工日期、停工日期，双方如果对工期延误发生争议的，则可以从以下方面来审理施工工期是否存在延误以及延误天数的计算问题：建设工程施工合同、补充合同及其他相关协议等约定工期的证据，签订合同后、因发包人的原因或其他不可归责于承包人的原因导致确定工期约定的依据已不存在或有重大变化，按原约定工期履行已无可能或者是否存在一方任意缩短合理工期等。

工期延误审理明白以后，如果双方对工期索赔发生争议的，可以从以下方面进行查证和审理：建设工程施工合同、补充合同及其他相关文件中对工期及可顺延工期情形的约定，发包人对工期顺延是否有确认文件、发包人有没有按照约定及时提供设计图纸、甲供材料，现场施工条件是否已经完全或者基本具备，发包人是否已经按照时间节点的约定支付了工程预付款、工程进度款，如果没有按时支付，则施工人是否存在不能正常进场和正常施工的相关证据，发包人所提供的甲供材料以及甲供设备的规格、数量、质量是否符合双方已有的合同约定，发包人是否有导致施工材料、设备交货日期延误或交货地点发生变更引起的时间延误情况，发包人或者监理人是否按照合同约定向施工方下达了进场施工的书面指令，发包人是否有书面文件同意施工方提出的工程变更申请，工程变更情形是否当然引起工期变动且是否属于合同约定的可顺延工期情形，工程变更引起的工程量变化及其鉴证单据查明，工程变更是否只是发包方的原因而与施工没有关系等。

另外还需要查明的是，工程变更的内容是否处于施工工期的关键时间和关键线路阶段，如果处于工期的关键时间和关键线路阶段，那么工程的变更、工期的变动就有了一定的必然性。由此就可以审理施工方完成工程变更工作所需要延长的时间及相应计算延长工期的方法和依据。审理要点包括：施工条件是否发生变化且与施工方无关、施工条件变化所涉及的施工项目是否处于施工工期的关键阶段和关键线路、施工条件发生的变化是否导致施工方案也必须改变，施工效率降低是否由于施工条件发生变化所导致以及需要延长的施工工期及相应计算的方法和依据。是否有属于不可抗力或者地方政策性停工指令的文件，停水、停电等造成停工工期超过合同约定的工期与发包方有无直接关系的证据，施工方是否已按照合同约定的索赔期限和程序向发包人提交了相关索赔通知和文件，如索赔意向通知、索赔报告的详细计算明细等附件等，或者施工方虽未按照合同约定的索赔期限和程序向发包人提出工期索赔，但有发包人以自己的事实行为表明仍然接受施工方索赔的证据等。

关于双方当事人对停工、窝工损失发生的索赔争议，审理思路可以从如下方面展开：发包人是否按照合同的约定提供了合格的设计图纸、甲供材料、设备、施工场地、工程预付款、进度款、技术交底资料，发包人是否按照合同约定办理了施工许可证、批准或设计图纸备案。隐蔽工程在完工之前，施工方是否已经按照合同约定及时通知发包人或监理人验收，发包人或监理人是否已经及时验收，或隐蔽工程施工验收完毕后发包方无正当理由又重新组织验收，致使施工工程中途停建等待验收、施工现场因等待隐蔽工程验收而无法进入、施工工程出现必须缓建的客观情形。发包人是否按照合同约定及时发出施工指令造成施工方停工、窝工，施工合同及补充协议、会议纪要、来往函件等书面文件中是否记载停工、窝工损失金额的约定及计算的方法和依据，是否有施工方向发包方提交的停工、窝工损失索赔文件，以及已经发包人或监理签字确认的证据，是否有第三方出具的停工、窝工损失鉴定报告、停工、窝工损失的书面证据和费用概览，如停工、窝工期间发生的施工人员的生活费用、待工期间的费用、遣散人员费用、施工机械设备的租赁费用、现场材料看管保护费用、因原材料价格上涨而增加的成本费用、施工人二次进场费用、对下游配套供货商、分包人的违约赔偿承担的费用等。

建设工程案件审理中还经常会出现或者说还需要注意的一个时间节点就是建设工程价款优先受偿权行使的时间点，可以从以下时间点的连续性方面进行审理：

前面我们提到的工程竣工之日时间点的方法在这里是需要应用的。建设工程价款优先受偿权的行使要求当事人应自工程竣工之日起六个月内行使优先权，仲裁庭可要求双方当事人各自举证工程的实际竣工之日，对竣工验收单、竣工备案表、发包人擅自使用或者已经实际占有并投入使用等证据进行审查；建设工程未竣工的或者还未进行竣工验收的，则要重点审查当事人应自合同约定的竣工之日起六个月内是否及时行使了优先权利即是否提起了诉讼或仲裁，辅之审查相关文件体现的竣工之日，如建设工程施工合同、补充协议、来往函件等书面文件中约定的竣工日期的证据。

对那些建设工程未竣工而双方已同意或实际解除或终止履行的，也就是我们平常所说的“半拉子”工程，则要重点审查当事人自合同解除或终止履行之日起六个月内是否行使了优先权，通过合同解除或终止履行的协议、通知、提起诉讼或仲裁等相关证据进行综合评判。

有的案件中，施工方以向发包方主张过建设工程价款优先受偿权的书面催告函件来证明其优先权没有丧失。对此问题，我们主张优先受偿权的催告应与施工人行使优先受偿权利即起诉或仲裁申请同时合并为有效行使权利的判断依据，单凭优先受偿权的催告（还要审查催告的意思是否明确，是否已经有效送达发包人，发包人的有权人员是否已经对优先受偿权的相关函件进行了签收，承包人催告时合同约定的工程款付款期限是否已经届满，是否还在法定期限的六个月内等）则很难简单地认定其享有优先受偿权利。其行使权利的期限为建设工程竣工之日或者建设工程合同约定的竣工之日起六个月。那么这六个月的时间是法律意义上的除斥期间，并不适用于诉讼时效的规定，也就是说，施工方一旦超过了六个月的期限就等于放弃了此项优先权的权利。同时根据《合同法》第 286 条的规定，建设工程价款优先受偿权是优先于抵扣权和其他债权的。当然，如果是买房人交付了购买商品房的全部或大部分款项后，承包人再就该商品房主张其工程价款优先受偿权的则不得对抗买房人。鉴于工程价款优先受偿权的重要地位，我们在审理优先受偿权的行使期限案件中还是应慎之再慎的。

第二，对建设工程案件专业知识及其内容的精通和熟练运用。这里着重就工程案件中最常见的工程质量异议、建设工程价款优先受偿权的事实查明和审理重点予以阐述。

关于工程质量是否存在缺陷的审理，可能包含以下情况：工程因当事人或客观原因没有完成竣工验收，或者虽然发包方对工程已验收合格但实际上并不具备竣工验收的标准（如在房地产建筑工程案件审理中，尽管开发商一般是强势主体，但未完成竣工验收是不能进入销售环节的，因此开发商只能先向施工方开具竣工验收报告以早日取得销售许可，但实际上的房地产工程并没有达到验收合格的标准，这个时候简单地认定已经验收通过则是与实际事实不符合的），施工方要求发包人支付工程价款，发包人提出要减少工程价款或者拒付工程价款的抗辩或者提出反请求要求承包人承担质量违约责任；工程已完成或已投入实际使用，施工方要求发包人支付工程价款，发包人以主体结构或地基与基础工程的实际质量不合格提出减少工程价款或者拒付工程价款的反请求；或者工程已完成竣工验收，发包人以工程存在保修范围内的质量问题提出要求施工人履行保修义务的反请求等；或可根据在工程施工阶段或者工程保修阶段中当事人各方参与实施的工程质量检验文件、当事人约定的第三方质量检验机构出具的工程质量检验报告、当事人一方自行委托的具有法定资质的第三方检测机构出具的工程质量检验报告等方面进行综合审理和认定。

当事人对工程质量责任主体发生争议的，可以从如下几个方面审查：施工方、分包人、转包人或实际施工人的工作成果是否符合合同约定或法定工程质量标准，承包人自行采购的工程材料、设备或构配件等是否符合约定或法定技术规范、标准，施工完成的主体工程为何不能通过正常的工程竣工验收，在施工过程中工程是否已经通过对工程质量的中间检验，设计成果是否符合强制性工程的设计标准和规范，设计成果是否符合合同约定的发包人的特殊技术工艺要求，工程是否存在不符合约定或法定标准的质量缺陷，工程施工质量缺陷与监理人的过错是否有直接关联、工程是否存在不符合约定或法定标准的质量要求，前项工程质量缺陷与甲方供材料、设备设施的质量缺陷的关联度如何等。

对工程质量缺陷修复方案的合理性发生争议的，可以从工程修复方案是否是根据原来的施工设计图纸、施工技术标准和工程的现有质量缺陷表现状态为前提，修复方案是否是由工程原来的设计人或者有相应资质且经过双方合意的设计人提供，提供修复方案的设计人与拟修复的工程质量缺陷施工人是否具有利害关系，修复方案是否能满足作为工程施工依据的原施工设计图纸和技术标准，是否存在修复工程过度的情形产生，实施工程修复方案的修复费用是否具有经济上的合理性、可行性，发包人一方确定的质量缺陷修复方案及相应的修复费用在实施之前是否征求了施工方的意见或建议，如果征求了意见，那么发包人留给施工方对修复方案提出意见或建议的时间是否合理可行，发包人对于施工方提出的修复意见或建议是否已经合理采纳或者讨论回应等方面进行审理。工程修复的前前后后时间节点和节点中双方采取的种种事实行为对于查明和认定修复责任和承担费用是非常重要的。

关于建设工程优先受偿权的审理，可以先就建设工程价款优先受偿权的主体进行确认。如果对建设工程优先受偿权权利主体和义务主体有争议的，可以从下面几个方面进行审理：

根据《合同法》第286条的规定，主张建设工程价款优先受偿权的，要查明施工人是否是合格的法律主体，是否是工程款债权的合法受让人、是否是工程的实际施工人等。建设工程施工合同关系中的发包人是否是合格的法律主体，其他当事人与涉案工程的发包人是否是合作开发关系的合作方，并且其合作开发关系是否符合共同投资、共同收益和共担风险的明显法律合同关系特征，涉案工程的实际所有权人与发包方、施工方是何种关系等，需要予以查明和审理。要注意建设工程价款优先受偿权的客体是可以折价和拍卖的建设工程，这就需要查明工程建设过程中是否取得建设工程规划许可证、是否是按照规划许可证的要求进行施工的，建设工程用地是否是未取得建设用地规划许可证或者涉案工程未按照建设用地规划许可证的要求进行施工、工程经验收是否是不合格且无法予以修复的，工程是否是无法独立存在或者分割后影响建设工程主体使用功能的附属工程等，工程是否是属于事业单位、社会团体以公益目的建设的教育设施、医疗设施及其他社会公益设施，工程是否是属于国家行政机关的办公用房或者军事建筑等。简单地说，就是军事工程、保密工程和用于公益事业的建设工程等不属于建设工程优先受偿权的客体。

当然，以上对建设工程价款优先受偿权权利和义务主体的审理和查明是建立在优先受偿权的行使时间期限没有过期的前提下进行的。

关于建设工程价款优先受偿权行使的债权范围的审理思路为：

当事人主张工程款项属于享有建设工程价款优先权保护的建设工程价款

范围的，可以着重审查合同的相关依据，即工程施工协议、补充协议、工程现场签证单、工程的招投标文件、会议纪要、结算协议、来往函件等文件中关于工程款项范围的合同约定和相关条款的表述内容。需查明当事人实际为建设工程所支付或应当支付的费用的书面证据，包括工程造价方面的证据，是否是为支付第三方材料款的证据，是否是为支付工作人员报酬的证据，施工方有没有垫资工程款的证据等。

对于发包人抗辩主张工程款项不属于享有优先权保护的建设工程价款范围的，可以着重查明审理：施工方实际为建设工程所支付或应当支付的费用的证据，如施工方所借款项是否已经完全用于建设工程，所交发包方的款项是否属于履约保证金等，如是，则不属于保护的建设工程价款优先权范围。施工方是否发生因发包人违约所造成的损失，如发包人迟延支付工程款的违约金、工程款利息、停工、窝工损失、未施工部分的预期可得利润等，如是，则不属于建设工程价款优先权的范围。

（三）仲裁庭要有能力与当事人一起算账、整理和剔除相关不真实的数据

我们说与当事人一起算账主要就是对应付工程款、利息、违约金、保证金、保修金、罚金、赔偿金进行加减乘除的算术计算。

多数情况下，仲裁庭可以按时间先后顺序与当事人一起面对面地列表进行金额的简单算术加减乘除，注明已经付款的时间、已付金额、付款方式、付款人、收款人等，对方当事人没有异议的可以直接确认（金额无异议，一方当事人证据有缺失的也可以认定双方当庭共同认可的事实），有异议部分则要求当事人另行提供详细的付款凭证、承兑汇票、领款单、取款记录、领款人的签字等补充证明材料，包括施工方在申请书、庭审陈述和质证阶段确认的已付款金额、应扣款金额的合理解释说明。已付工程款及其他应扣款项一般应当由主张的一方即发包人举证。当然施工方也可以就发包方的已付工程款举证，证明其仅收到多少工程款项，还有多少应收款项。当然，如果双方对已付工程款项的差距实在太大、支付票据太多，也可以请双方共同委托第三方或者按照仲裁规则进行委托审计，最后由仲裁庭进行审理裁决。

关于工程款的利息计算。由于工程款利息属于法定孳息，是仲裁庭必须面对和审理的内容，我们主张从以下几个方面进行详细询问和审理：

（1）合同依据的查明：施工合同、补充协议、备忘录、来往函件、会议记录等关于利息计付时间和计算标准的条款约定；

（2）事实依据的查明：施工协议、补充协议、申请支付款项文件、已付工程款项、未付工程款项、结算协议等对工程预付款、进度款、结算工程款数额、利息支付的计算方式和金额的具体约定与实际履行情况的分歧点；

（3）工程已经实际交付发包人或者发包人已经实际占有、投入使用的时间证明；

（4）如果工程未交付的，则要查明施工方向发包人提交完整竣工结算材料的时间及其送达或者邮寄凭证、发包人的具体签收时间证明等证据；

（5）如果工程既没有交付，竣工结算资料也没有提交发包人核算的，当事人提交仲裁申请书后，由仲裁委员会出具的受理通知书等证据证明施工方仲裁申请的日期；

（6）已付工程款的日期及已经支付金额的合同依据和相关证明。

对保修金有争议的，可以从下面几个方面进行查明和审理：

对保修金合同依据的审理：《建设工程施工合同》《工程质量保修书》或相关《会议纪要》中关于质保金返还金额、比例和时间期限的约定；

对保修金事实依据的审理：约定的质保金返还期限是否已经届满、应予返还的保修金金额还剩多少、占整个工程价款的比例又是多少。实际预留的保修金数额是否等于或大于、少于约定预留的保修金数额，施工方是否已尽了相应的保修义务以及发包人应当依约扣减的保修金数额是多少，施工方应承担保修期内工程质量缺陷导致的损失赔偿金或保修违约金、施工方同意发包人扣减的保修金数额是多少，发包人主张与应返还的保修金折抵后的金额是多少及其依据何在等。

仲裁庭与双方当事人就上述款项一起计算、核算，其意义在于通过面对面、数字对数字的精准计算，明确了哪些金额是重复计算的，哪些金额是已经双方同意减去的等，对以后的审理、裁决书的作出或当庭调解工作都有着不可替代的积极作用。在与当事人算账的过程中，可以先按一方的主张和思路计算，其间另一方当事人也应加入一起计算，有什么异议看能不能当场解决，双方当场确认下来的金额数字则可以马上固定证据记录在案。按照一方的主张计算好金额以后，再按另一方的主张和思路计算，双方仍然同时当庭算账，这样一来一去金额数字的趋同点和差异点就出来了。如果案情相对比较简单，即使标的大也有可能让双方达到和解的目的，也有可能让双方省去申请工程鉴定所需交纳一笔额外费用。

（四）仲裁庭要有与当事人一起看工程设计图纸和工程量单的能力，有看得懂施工工程现场的能力

我们说仲裁庭要能看得懂工程图纸和工程量单，其意义就在于我们通过看图纸和工程量单非常清楚或至少可以大致地知道工程的最初设计和工程量清单、工程总量，实际施工工程与工程设计图纸是否一致，差异点在哪里，是否存在设计变更或者工程变更以及在哪些地方进行了变更，变更的工程量到底有哪些，这些变更的工程量是否有发包方的工程指令和工程鉴证单，其在工程款项的核算中是否已有体现，工程鉴定报告的工程量计算是否是完全依据设计图纸计算出来的等。

工程设计图纸和工程量单在仲裁案件审理中的应用是非常广泛的，仲裁庭通过对设计图纸和工程量单的分析和审理，确认有的工程增量或者减量是图纸上没有的或者不一致的，有的工程量单则与施工现场是不完全符合的。这里就工程设计图纸和工程量单在审理未完工工程结算条件和结算中的作用及其审理思路作一阐述，如未完工工程是否属于设计图纸所设计建设工程、未完工程是否符合工程量单内容、是否是双方已经确认的工程量的相关清单、是否符合双方约定的质量标准，双方已经确认的工程停工界面和工程量清单与未完工程结算依据等。

对未完工工程价款及损失赔偿的计算和责任方的审理和确认问题也是工程案件的一大难点，可以从以下几个方面着手进行审理：

（1）合同依据的查明：施工合同、补充协议等文件中关于未完工程结算方式的条款约定。（2）事实依据的查明：已完工程部分如质量不合格对工程价款相应扣减的具体项目名称、签证及具体金额的计算。（3）双方共同委托或一方同意由另一方委托的造价审核鉴定机构对未完工程价款审核意见是否已经完成。（4）施工方或者发包人已运抵现场工程建筑材料的设备款或已订货的违约损失有没有、有多少。（5）发包方停工、窝工损失和施工方人员、机械进场、退场发生的费用组成是什么，有没有，有多少；发包人因工程工期的延误而产生的项目必须贷款或其他必须融资费用有没有，有多少。（6）施工方人员的遣散费、发包人因迟延向租户、买房人或基于对工程按时合格交付使用的合理信任而签订合同的违约合理损失有没有，有多少。（7）施工人为避免因发包人的违约导致损失扩大而采取的必需增加的工作量所发生的合理费用组成是什么，有多少；有没有发生发包人重新选择后续施工人发生修缮和施工的费用，有多少。

（8）发包人或者施工人预期可得的合理利润是多少，计算的依据和标准是什么。（9）因施工方已经完成的工程项目、停工界面对后续施工方施工活动的不利影响而不得不对已完工程发生的整改、修缮费用有没有，有多少。（10）发包人对工程竣工后，案外第三人替代施工方承担已完工程的保修责任对应须保留的工程保修金和维护费用有没有，有多少。（11）发包人为避免因施工方违约导致损失扩大而采取合理减损措施已经发生的必要费用有没有，有多少。

（五）仲裁庭需要精通建设工程案件审理的相关法律和司法解释

仲裁庭审理建设工程案件常用的基本法律有《合同法》《仲裁法》《建筑法》《民事诉讼法》《民法总则》《招标投标法》《全国法院民商事审判工作会议纪要》《最高人民法院关于审理建设工程施工合同纠纷案件适用法律问题的解释》《最高人民法院关于审理建设工程施工合同纠纷案件适用法律问题的解释（二）》等。其中一些经常应用的重点法条这里就不再展开阐述了。

二、审理建设工程中几个最无能为力的法律救济再思考

（一）合法使用权利与权利滥用的区别与救济

对当事人的合法权利予以完整、准确地保护和支持，无论在诉讼或仲裁中都是法院或仲裁庭审理案件的基本导向。但在建设工程案件审理中，一些当事人充分利用现有法律的空白和合同约定的空白，将不诚信、不尊重仲裁庭发挥到了极致。实践中碰到这类案件不在少数，我们形容这些当事人的不诚信行为为建设工程案件的“三板斧”，即“先打程序”，“再打字迹、公章真假鉴定”，实在不行就“打工程造价鉴定”拖延审理时间和程序，下面予以分述之：

第一板斧就是当事人上来不管三七二十一就打仲裁程序的合法性，提出仲裁管辖权异议。

如果双方当事人已经有了非常明确的合同约定，仲裁机构有审理此案的管辖权，被申请人（申请人提起仲裁以后向法院提起仲裁管辖权的比较少，一般是被申请人在仲裁过程中以仲裁机构没有管辖权为由提出异议后才主动向法院提出确认仲裁协议效力的诉讼）则坚持向法院提起诉讼要求确认仲裁协议效力，案件即进入了法院受理、法院依法通知仲裁机构中止仲裁程序，最后等待法院的民事裁定书决定仲裁协议是否有效。

同样，仲裁庭组成、仲裁程序正式开始以后，一方当事人又有权向仲裁

庭提出延期举证和审理的请求以继续拖延程序，这样几个回合折腾下来大半年就过去了。

对于第一板斧，仲裁庭基本上是被动的。毕竟这是法律赋予每一个当事人的合法权利，我们只能尊重和遵守。仲裁庭只能等双方当事人先进入仲裁管辖的法院认定阶段，并在法院裁定下来以后加快审理进程，利用这一段时间将庭前工作做得再扎实一些、充分一些，通过加快推进仲裁程序来弥补这一缺憾了。当然如果当事人的仲裁请求中有支付利息的权利主张，仲裁庭合议时应充分考虑将前期当事人打程序的时间一并计入计算利息的时间段以示补救。

这其中，还要面对一些当事人或者代理人搞证据突袭的问题。对此，仲裁庭可以庭前以仲裁通知的方式或根据庭审的情况及时确定当事人提交证据的最后期限，防止没完没了地补充证据。要把握确定证据提交期限的时机和期限的长短，以及逾期提交证据是否接受的意见，最好通过仲裁通知、仲裁指令等书面文件予以明确，特别是对当事人庭后逾期提交的处理和后果要作出明示。在案件合议阶段，仲裁庭也可以根据实际情况，特别是已经明确告知双方当事人证据工作的安排以后继续搞证据突袭的当事人，通过律师费的支持比例多少来体现对律师代理人的证据材料准备情况的评价。当然在仲裁审理的建设工程案件中，有一些案件是必须采用“心证”即所谓的自由裁量权的。对这个权利的行使，我的意见是该用还要用，但一定要少用和慎用，要注意的是不能因为当事人的不诚信和对仲裁庭的抵触而带着情绪去使用。

第二板斧就是打字迹、公章的真假鉴定。

我们前面说过，在一些建设工程案件中当事人对用印或者法定代表人、授权代表签字的真实性、合法性是心知肚明的，其对用印或者签字提出字迹或者公章鉴定是故意拖延成分更多，其有意拖延审理程序和裁决时间；更有甚者，有的当事人在鉴定机构对笔迹出具了鉴定结论以后，再次提出对其他未鉴定的笔迹进行二次申请鉴定（建设工程案件签字的地方是非常多的）。仲裁庭在具体案件中如果只能借助第三方的笔迹或者公章鉴定报告进行审理和裁决，这样一来一去大半年又过去了，其拖延的目的达到了。当事人之所以这样做是钻了法律的空子，也是对另一方当事人权益的严重损害、蔑视和不公平。如果能够夯实这方面的足够证据，仲裁庭合议时可以考虑在法律允许的条件下行使自由裁量权，以示公正和公平原则。

第三板斧就是提出对工程的造价鉴定申请。

一方当事人在庭审中提出对工程的造价鉴定申请是鉴于双方没有对工程进行最终结算，即使金额不大、有过口头结算约定或者一方根据对方口头答应的工程款项金额提交了结算书、时间跨度不长也要坚持工程鉴定。对于这些情况，仲裁庭还是要区别对待的：有的工程案件必须进入鉴定程序，没有鉴定报告则审理无法继续进行，裁决书也无法最终完成。但也不能一味地简单进入工程造价鉴定程序，如果当事人能够提供足以让仲裁庭信服的证据，使仲裁庭能够直接认定工程价款的，则不需要进入鉴定程序，如：

（1）双方是否已经完成或通过其他方式、证据已视为完成工程价款的结算；对方当事人的一些法律行为是否已经构成工程价款的确认或自认。

（2）工程合同约定为固定总价且不具备变更条件的。

关于固定总价不予鉴定的问题，审理中还是要明白一个基本认识点，即固定总价工程合同实际上是对双方在事前都存在共赢利益或者说有风险的，但在签订之后就应按约履行合同。其中比较常见的争议是，发包人在固定总价合同的履行中随意增加工程量或者施工方低价中标、履行中有意增加工程量，应确认只要不具备工程设计图纸变更或者工程项目根本性改变，仲裁庭就应对鉴定申请不予支持。

（3）如果双方共同委托的第三方已经出具审价报告且双方业已确认，类同于双方已就工程价款完成了最终结算则不应再次鉴定，除非双方又达成了新的合意要求重新委托鉴定。

（4）有关部委的文件中或双方的施工合同中规定：发包人收到竣工结算文件后，在约定期限内不予答复，视为认可竣工结算文件，以及发包人收到结算文件后，未在约定期限内无正当理由而未答复。对待这个问题，仲裁庭不能简单地适用或者不适用相关部委的文件和法规，还要具体案件具体分析和裁量。比如最初签订的施工合同的确约定了发包人收到结算文件后，如果未在约定期限内又无正当理由而未答复就视为认可施工方提交的结算报告，由于建设工程案件的复杂性，发包人可能答复了但施工人却不满意答复给出的审核价进而故意隐瞒或者不予举证发包人的回复证据，也有可能是双方一直在电话邮件沟通中，没有工程结算的结果，因而施工方则提出未在约定期限内不予答复就视为认可结算报告。如果仲裁庭在这种情况下就予以简单地认可竣工结算文件有些仓促和不足，裁决风险也比较大。但是，比如出现如下情况时，仲裁庭则可以当机立断，即双方在合同中已经有过明确约定，发包人收到竣工结算文件后，在约定期限内不予答复，视为认可竣工结算文件；在工程价款结算过程中，双方当事人又签订补充协议，在协议中再次重申了上述约定，并进一步规定了约定期限的具体时间节点，那么当此次时间过了新的约定期限以后，一方当事人以此提出应当予以工程价款结算的，仲裁庭应根据双方再次达成的结算条款予以支持而不宜再进入工程造价鉴定程序。

在一些建设工程案件的审理中，鉴定始终是仲裁庭的一个重要抓手和着力点，需要注意的是要防止“以鉴代审”的问题，这里就不再加以展开论述了。

（二）关于政府审计条款的救济问题

在众多建设工程仲裁案件的审理中，感到最无能为力的案件情况是政府对工程的审计以及由此产生的工程价款给付问题。尽管最高人民法院和建设部等在这个问题上有过解释，但最终如何处理妥当还是存在着较大的变数。现在对于政府审计后期介入的问题比较好处理。所谓后期介入是指合同双方原来没有在合同中约定需要政府审计以后才能以政府审计部门的审计价为最终工程价款予以确定的条款，政府审计部门是主动介入的或者是一方当事人应当地政府部门意见要求另一方当事人重新接受的。对于这类案件，如果是一方当事人主张政府审计以后的工程价款为最终结算价，另一方当事人始终不予认可的，仲裁庭则可依照合同依据和事实依据正常进行审理和裁决。但在许多工程案件中，双方事先已经在合同条款中约定了以政府审计价为最终结算工程价款。实践中，若政府审计部门出于多种原因一直不予审计，时间长达数年甚至十年以上，另一方当事人损失不断加大，又没有别的救济途径，对于事先约定政府审计价为最终结算价的，仲裁庭还是应按照仲裁的根本原则即尊重双方当事人意思自治，等待政府审计部门的审计结果或者双方重新达成不需要政府审计价为最终结算价的约定（这种情况又是几乎不可能发生的）。仲裁是私权，私权就是私权，必须有授权才能为之。至于一些法院以审计时间太长而无审计结论“有违实质公平”为由，最终判决发包人向施工方支付工程价款的，是否也可以由仲裁庭采纳和借鉴也可以进一步探讨。

疫情方案——仲裁当事人不同意网上开庭的应对 *

Mohamed S Abdel Wahab**

疫情期间，如果仲裁当事人不同意进行网上开庭，仲裁庭应当如何应对？埃及 Zulficar & Partners 律师事务所创始合伙人、国际商会仲裁院副主席 Mohamed S Abdel Wahab 教授提供了一个可行方案。

Wahab 教授提出的疫情方案由 Global Arbitration Review（GAR）首发，涵盖六个要点。其核心是对适用的仲裁程序法和仲裁规则进行解读，并考虑了四种不同的情形：第一，适用法或仲裁规则明文规定应当亲自、当面开庭；第二，适用法或仲裁规则明文规定可以进行网上开庭或使用技术手段举行庭审；第三，适用法或仲裁规则就此无明文规定，且无法推论；第四，适用法或仲裁规则规定不一致。

Wahab 教授认为，如果适用法或仲裁规则无明文规定，仲裁庭是否有权决定进行网上开庭取决于下列因素：第一，适用法或仲裁规则是否明确赋予仲裁庭以其认为适当的方式管理仲裁程序的权力；第二，适用法或仲裁规则是否要求给予当事人充分、合理的陈述案情的机会；第三，适用法与仲裁规则的原则是否为，除非有相反规定，否则可以举行网络庭审；第四，适用法与仲裁规则是否允许仲裁庭进行书面审理；第五，仲裁程序是否有严格的时间限制；第

---

* 本文首发于 Global Arbitration Review（GAR），编辑 Alison Ross。翻译和发行经出版方 GAR 与编辑同意。欲了解详情，请访问 www.globalarbitrationreview.com。

** Mohamed S Abdel Wahab，国际商会仲裁院副主席、开罗大学法学院教授、Zulficar & Partners 律师事务所合伙人。

六，仲裁地的证据规则和诉讼程序法是否允许在司法程序中使用技术手段。

Wahab 教授还提出，如果双方当事人就仲裁庭自由推进程序作出限制，或者各方当事人均反对进行网上开庭，将增加举行网络庭审的难度。

Wahab 教授是国际商会近期出台的《国际商会关于减轻新冠肺炎疫情影响的若干可参考措施的指引》（以下简称《国际商会新冠疫情指引》）的执笔者之一。其表示近期经常被咨询如何应对当事人不同意进行网上开庭，为此特撰写本文。

Wahab 教授表示："就目前的情况来看，不管是否存在新冠疫情，当前国际仲裁通常实践是，程序会议与案件管理会议通过电话或视频会议进行。若一方当事人希望以现场会议的方式进行，就必须提供充分的理由并说明支出费用的必要性。

而对案件实体问题的审理则相反，当事人与仲裁庭通常认为应举行当面庭审。为充分谨慎起见，网上开庭必须取得各方当事人同意。然而前述实践是传统做法而非创新之举。疫情之下，身处一个以进化、创新和适应新情况为特性的行业，我们更有必要在遵守法律规定并考虑所有情形的前提下，重新审视传统做法。"

霍金路伟国际律师事务所纽约办公室合伙人、该所《国际仲裁网络庭审中的技术应用规定》主要执笔人 Samaa Haridi 指出："在疫情期间，更多人要求进行网络庭审，因此当事人无法就举行网络庭审达成一致的情况也更为多见，传统做法正在发生变革。

疫情之前，在我担任仲裁员的案件中曾出现过类似情况，涉及最后实体问题审理的程序与技术手段运用的问题。经仲裁庭与当事人协商，我们最终使得双方当事人同意通过网络推进后续程序，并促成当事人订立了一份协议，约定任何一方都不能以未举行当面庭审为由申请撤裁。霍金路伟《国际仲裁网络庭审中的技术应用规定》中有这类协议范本。

尽管这样的表述并不能完全避免撤裁风险，但是为裁决多提供了一份保障。

如果当事人无法就举行网络庭审达成一致，仲裁庭需要参考 Wahab 教授的建议，而不能对所有此类情形不加区分地处理。仲裁员应当首先分析仲裁的法律框架，包括合同约定、仲裁程序法、仲裁规则，尽管前述法律框架可能在这个问题上并没有太大指导意义。"

佛罗伦萨 BHGE 诉讼部门副总法律顾问 Michael McIlwrath 表示几周之前

曾阅读 Wahab 教授的文章草稿，并评论道："我不仅认为 Mohamed 提供的方案有用，而且也将其作为指引。

虽然疫情存在很多不确定性，我还是尽力使得案件程序保持运转，为此我首先参考的是《国际商会新冠疫情指引》第 8 条。该条列举了很多现有的案件管理技巧，均无需依赖庭审来实施，而且很多技巧减少了庭审的必要性或大幅缩短了庭审时长。仲裁庭可能已经考虑过使用此类技巧，疫情将这些技巧从'使用有益'变得'有必要使用'。

当然，问题在于如何应对当事人拒绝使用这些工具或者坚持举行当面庭审的情况。我们不知道大家何时能够跨越国境，去和其他国家的人在一个房间待上几天，但是仲裁规则或程序规则通常都不要求举行当面庭审。

Mohamed 的方案非常有用，因为它不是一个僵化的规定，而是一个包含具体步骤的指引，并且鼓励与当事人进行协商。这一方案有利于将需要被无限期推迟的案件数量降到最低。"

海牙 Ndanga Kamau Law 律师事务所创始人、《国际商会新冠疫情指引》的执笔人之一 Ndanga Kamau 认为："Mohamed 的方案巧妙地提炼了在一方当事人反对网络庭审的情况下，各方当事人、代理人和仲裁庭应该考虑的核心问题。该方案重点突出了在当事人无法就程序问题达成一致的情况下，仲裁庭就此做出决定并推动程序高效进行的权力，不限于决定是否进行网络庭审。

在一些新兴的法域，由于缺乏运用技术推进司法程序的相关经验，当事人可能不愿进行网络庭审，Mohamed 的方案将为这些法域的仲裁庭提供有力指引。它同时也为未来指明了方向：科学家预测未来几年将会有更多的流行病，我们应为下一次疫情做好准备，强化规则、法律、指引和制度，以抵御将来流行病造成的干扰和气候变化造成的破坏。这一方案推动仲裁庭深入思考未来的创新问题，可谓一份珍贵的指南，我期待在工作中将其付诸实践。"

ABDEL WAHAB 的疫情方案

1. 若适用法（仲裁地法）或仲裁程序规则（包括任何仲裁机构规则）：

（1）明确指出仲裁实体问题的审理应当进行"亲自"（in-person）出席，<u>并且</u>

（2）根据上述法律或规则"亲自"等同于"当面"（physical appearance），那么仲裁庭无权未经各方当事人同意决定进行网络庭审。若仲裁庭仍进行网络庭审，将面临很高的撤裁风险。

2. 若适用法（仲裁地法）或仲裁程序规则（包括任何仲裁机构规则）明确允许使用技术手段开庭或进行网络庭审，那就不存在争议。并且仲裁庭有权在充分考虑案件情况和当事人陈述案件的合理机会之后，以其认为合适的方式举行网络庭审，无需另外取得当事人同意。仲裁裁决受到挑战是固有风险，但是在这种情况下，因举行网络庭审而使裁决受到挑战的风险很低。

3. 若适用法（仲裁地法）或仲裁程序规则（包括任何仲裁机构规则）未对网络庭审作出明文规定，也无法进行推论，则有两种可能的处理方式：

（1）由于未明确允许进行网络庭审，仲裁庭不能未经当事人同意进行网络庭审；或者

（2）由于未明文禁止进行网络庭审，仲裁庭对该事项具有裁量权，并在仲裁庭认为适当的情况下决定进行网络庭审，无需征得当事人同意。

我认为，这种情况下仲裁庭是否有权决定进行网络庭审取决于：

（1）仲裁适用法或规则是否明确赋予仲裁庭以其认为适当的方式管理和决定程序的推进的权力。

（2）仲裁适用法或规则是否要求给予当事人“充分”或“合理”陈述案情的机会。

（3）仲裁地法的法律原则是“法无禁止则可为”还是“法无允许不可为”。就此而言，大多数法域的法律原则是法无禁止则可为。

（4）仲裁适用法或规则是将庭审作为强制要求（或经一方当事人请求必须进行），还是赋予仲裁庭自行决定进行书面审理的权力（即使当事人要求开庭）。如果仲裁适用法或规则授权仲裁庭进行书面审理，那么即使一方反对，假定仲裁庭说明了其倾向于网络庭审的理据，且网络庭审不会影响正当程序和持反对意见的当事人陈述案情的权利，举行网络庭审不会造成实质风险。

（5）各方当事人是否均反对网络庭审。如果当事人均反对，仲裁庭就不能决定进行网络庭审，否则裁决受到挑战的风险会很高。

（6）审理范围书或一号实践指引（如有）是否对仲裁庭未经当事人同意推进程序的权力作出限制。如果存在前述限制，仲裁庭就不能在一方当事人反对的情况下仍决定举行网络庭审。

（7）仲裁程序是否有严格的时间限制。如果存在此种限制，并且如果庭审被推迟，仲裁庭的管辖权时限不久将过期且无法延长，因此必须举行庭审，

那么冒着风险进行网络庭审是唯一的选择。如果作出裁决的时限届满，裁决无论如何都会被撤销。

（8）仲裁地的证据法或者诉讼程序法是否认可在司法程序中使用信息与通信技术。

（9）从案件的具体情况来看，是否适合进行网络庭审。需要考虑的因素包括：参与者是否有稳定的技术条件、证据的性质和数量，以及是否存在对一方当事人造成不公的实质风险。

4. 若仲裁适用法（仲裁地法）与仲裁程序规则（包括任何仲裁机构规则）的规定不一致，则处理方式取决于仲裁地法的相关规定是否为强制性规定。

5. 另外，国际法协会 2016 年出台的国际商事仲裁决议也可资借鉴。该决议涉及仲裁庭固有的、默示的和自由裁量的权力，可作为国际仲裁中的“软法”。

6. 很多新出台的法律和规则明确提及了信息技术的运用以及仲裁庭在这方面的权力，例如《阿拉伯联合酋长国联邦仲裁法》（No.6 of 2018）即对新技术的应用作出明文规定。

新冠疫情之后，纠纷盛行将至*

VK Rajah** Goh Yihan*** 著 郭浩**** 译

随着商事主体重新审视其订立的合同，大量的法律问题将在接下来的几个月涌现。包括新加坡在内的全球商业中心将迎来一场纠纷海啸。

"凡是过往，皆为序章。"

历史证明，经济萧条时期，纠纷与诉讼的数量往往会大幅增加。随着新冠疫情大流行对贸易、市场、供应链以及商业产生空前的影响，可以预见一场纠纷海啸即将到来。不仅我们有这种担忧，其他地区的同行亦认为，新冠疫情之后，迎接我们的将是纠纷案件爆发。

随着新冠疫情的影响渗入所有行业，需求稀缺、因供应链断裂致使履行不能、缺乏资金维持业务运转的情况已屡见不鲜，几乎所有合同项下都可能产生纠纷。有相当的法律经验的商事主体通常会在合同中约定，如果发生一般商业风险之外的意外事件，其自身将享有哪些权利。这类条款通常被称为不可抗力条款。其他很多商事主体则没有这么做。

为避免疫情相关案件爆发给法院和仲裁机构造成重压，法律界应当提前做好准备。与此同时，为避免当事人在法律问题上陷入僵局，立法机关应当

---

* 本文于 2020 年 5 月 7 日首发于 The Strait Times，文章的翻译与发行得到了原文作者及原载刊物的授权，在此谨致谢忱。翻译不准确的责任由译者自负。

** VK Rajah，新加坡前最高法院上诉法官、新加坡前总检察长、国际仲裁员。

*** Goh Yihan，新加坡管理大学法学院院长、法学教授。

**** 郭浩，中国人民大学国际法方向硕士研究生。

为商业安排的实现寻求理性、公平的解决方案，而不是一味地维持现状。

一、新加坡方案

值得赞赏的是，新加坡政府迅速行动并通过了《新冠疫情（临时措施）法》（Covid–19（Temporary Measures）Act），为受疫情影响的个人和企业提供了其迫切需要的法律救济。这一做法与德国政府类似。

《新冠疫情（临时措施）法》通过临时叫停某些法律诉讼的方式，为因疫情无法履行特定种类合同义务的个人和企业提供了临时性、有针对性的保护。该法因此被新加坡律政部部长 K. Shanmugam 称为“法律断路器”。《新冠疫情（临时措施）法》为合同缔约方提供了可贵的“喘息空间”，使其可以通过谈判解决争议，维持企业运转。但是，在法律断路器终止后，新加坡需要为接下来的纠纷爆发做好准备，这将给新加坡的法律系统带来独特挑战。

新加坡法律系统具有很强的效率优势。除正式的法院系统外，还有一系列的替代性争议解决机制。根据世界正义工程（World Justice Project）公布的 2020 年法治指数，新加坡凭借其富有成效、高效的民事和刑事司法系统，在亚太地区名列榜首，在全球排名第六。

然而，即使是最好的法律体系，也需要面对新冠疫情带来的空前挑战。受亚洲金融危机和全球金融危机影响，在一些法律体系成熟的国家和地区，纠纷数量显著增加。除商事纠纷外，由于经济压力也会影响到个人生活，家庭纠纷和受虐待类案件数量上升，更多的经济犯罪产生或显现。对于新加坡、香港、伦敦、法兰克福以及纽约这样的全球金融中心而言，情况尤甚。

各国的法律体系需要解决现存的积压案件，同时需要处理因新冠疫情引发的大量新案件。如果不采取预防措施，法律体系将难以承受海量的商事案件的重压。诸如家庭和刑事类的非商事案件如果不能被一并解决，可能也会产生不利影响。

二、《新冠疫情（临时措施）法》

《新冠疫情（临时措施）法》为受疫情影响的个人和企业提供了必要的临时救济。律政部着眼于公平和正义，而非严格执行合同义务，值得赞赏。然而正如该法的名字所暗示，其仅仅为一大堆问题提供了临时的解决方案。

首先，该法不一定能化解所有当事人相互对抗的法律纠纷。在一些情形中，该法承认了当事人在法律断路器终止后继续进行法律程序的权利。

其次，该法仅适用的合同类型有限，包括中小企业担保贷款合同、建设工程合同和供应合同、活动和旅游业相关合同、租购合同和附条件销售合同、非住宅物业租赁合同和许可合同。因此，对于该法所没有涵盖的合同，如果分歧没有得到解决仍然可能进入诉讼，例如住宅租赁和跨境交易。

三、普通法体系的劣势

除新加坡外，还有超过三分之一的国家都采纳了普通法体系。对于预防新冠疫情引起的纠纷盛行，普通法体系存在两个内在的劣势。

第一是普通法的传统劣势，即难以迅速对变化多端的危机做出反应。普通法体系的一个关键特点是，法律是通过法院裁判案件的方式逐渐发展的。如此，普通法可以随着时间形成对不同的事实问题的解决方式。这种经由几十年甚至是几个世纪发展起来的法律可以确保其稳定性和确定性。

但是，也正是因为这一审慎的特性，普通法体系在新冠这类突发性危机面前反应迟钝。这对当事人造成了不确定性，提高了争议解决的难度。相反，当法律规定很明确时，当事人常常可以根据既定的原则解决分歧，无需提起诉讼。即使最高级别的法院有机会在应对新冠疫情时发展法律，法院判决也会仅仅针对个案中需要解决的问题。何况这些案件也要经过漫长的过程，才能被最高级别法院审理。

第二个劣势是普通法体系关于合同问题的规定。在没有不可抗力条款的情况下，普通法下当事人可以解除合同的唯一情形是，不可预见事件的发生根本改变了他们的合同义务，也即“合同目的落空”。然而，在普通法体系中法院很少愿意认定合同目的落空并允许当事人解除合同，这种抗拒态度来自普通法对免除当事人合同义务的内在反感。

目前，这方面尚未有新加坡判决或者英国判决。在1918年的流感疫情期间，美国法院在很多案件中认为，因疫情导致的劳动力成本上升不构成合同目的落空。英国法院则认定只有成本“巨幅”上升时，才能构成合同目的落空。新加坡法院迄今采取的态度类似。如果严格遵照这一裁判思路，在当前的情形下就存在问题。

而且即使一个合同被认定目的落空，法院调整当事人权利和义务的能力也相当有限。新加坡参照英国法制定的《合同目的落空法》允许法官在当事人之间分配损失，但是不能调整当事人原本的合同。该法的基石是普通法体系对当事人缔约自由的尊重，即只要不违背法律或伦理，当事人有权订立任何合同并将得到执行。

因此，由于普通法体系本身较为僵硬，并且普通法体系适用于受新冠疫情影响的合同的方式不确定且受限，在解决大量的纠纷时可能会遇到法律障碍。

四、准备应对纠纷盛行

为缓解上述问题引发的纠纷爆发局面，我们提出以下《新冠疫情（临时措施）法》之外的三维解决方案。

（一）在《新冠疫情（临时措施）法》的基础上进一步立法

与其等待普通法体系对疫情做出反应，国会应当在《新冠疫情（临时措施）法》的基础上进一步立法，授权法院更加灵活地处理受到新冠疫情影响的商事纠纷。

从系统的角度看，此等立法将迅速为商业社会提供确定性、增强可预见性，同时可以鼓励当事人调解解决纠纷。这对于后疫情时代的经济重建至关重要，也比普通法系更有效率。

法院只能处理它面前的一个个具体的案件。与之不同的是，国会可以通过影响力更广泛的法律，为多个问题制订预案。此等立法可以涵盖《新冠疫情（临时措施）法》下的合同和其他很多种类的合同。具体范围需谨慎考虑公共政策和国际礼让原则，并与受影响的行业和其他利益相关方磋商后确定。

（二）替代方案

该等法律的制定可借鉴大陆法系的做法。大陆法系赋予法院更大的调整当事人之间权利的裁量权，原因在于其合同法非常重视诚实信用原则。在一些极端情况下，坚持要求合同当事人遵照原合同的约定违反诚实信用原则。

例如，德国民法典规定，如果发生情势的变更以至于当事人如果知道该变更最初就不会订立合同，受到影响的当事人可以请求变更合同。与之类似，法国民法典也允许受到变更之情势影响的一方主张“艰难情势”或者“不可预见的变化”。如果变更之情势使得一方履行合同下的义务变得极为困难，该方可以请求重新协商或者终止合同。

相反，普通法体系的合同法不强调诚实信用原则。与大陆法系不同，即使情势发生了变化，普通法从传统上就不愿意介入当事人之间的合同安排。鉴于这场空前的疫情给合同履行造成重大影响，这一路径需要从宏观的角度重新审视。

社会各界需要齐心协力帮助商事主体渡过这场危机。如果合同关系受到新冠疫情的重大影响，而合同中未约定如何豁免履行，法律应当提供正当、公平的解决方案。法律应当授权法院调整受到新冠疫情实质影响的合同关系。

在提出这一方案的同时，我们进一步补充以下三点：第一，尽管这些措施的适用应当保持原来的高门槛，但是这一门槛不应该是无法逾越的。第二，尽管这些措施会溯及既往地影响当事人的合同权利，新冠疫情的空前影响使这些措施具有正当性。第三，如果当事人已经在合同中通过不可抗力条款约定，发生新冠类事件时如何处理，那么应当借鉴大陆法系的做法，尊重此等约定。

（三）专门法院或部门

可以设立专门法院或者部门来应对新冠疫情带来的诉讼案件浪潮。此类专门法院并非新事。例如，新加坡《防止骚扰法》（Protection from Harassment Act）就建立了防骚扰法院，以便通过快速程序使得骚扰受害者的问题得到“一站式”的解决。

与之相似，法律可以授权处理新冠疫情并发纠纷的专门法院通过专门程序快速处理案件，并制定明确的时限要求法院和当事人遵守。

这些法院还应当有权制定一整套规则，不仅用于处理当下的案件，还可以为其他法域提供示范。

五、其他需要关注的问题

除前述重点讨论的合同问题，在劳动法、家庭纠纷和破产等案件中也会出现其他棘手的问题。法律程序在正常情况下运作良好已经远远不够。很多程序都需要重新审视，使得程序简化、快速化并低成本化，同时也要保持程序正义。

作为金融中心，新加坡只有联合起来，才能有效地遏制即将到来的法律危机。

非洲投资仲裁的演变

Benoit Le Bars* 著
艾昕语** 译　朱伟东*** 校

引　言

随着非洲逐步融入全球经济，以及它在国际争端纠纷解决方面的经验日益丰富，非洲投资仲裁正面临转型。近年来，非洲为成为一个有吸引力的投资目的地作出了巨大的努力。

根据联合国贸易和发展会议（UNCTAD）发布的《2017年世界投资报告》，非洲在2016年吸引了590亿美元的外国直接投资，占全球总投资额的3.4%。② 预计2017年流入非洲的外国直接投资额将增加10%。③ 非洲大陆中接受外国直接投资最多的五个国家是安哥拉、埃及、尼日利亚、埃塞俄比亚和加纳，这些国家吸引了流入非洲大陆的全部外国直接投资一半以上的投资额。④ 同

---

* Benoit Le Bars，Lazareff律师事务所共同创立人和执行合伙人，美国和法国多所大学法学教授。本文最初发表在2018年的《中东与非洲仲裁评论》（The Middle Eastern and African Arbitration Review 2018）上。

** 艾昕语，湘潭大学法学院国际法学专业硕士研究生。

*** 朱伟东，法学博士，中国非洲研究院非洲法律研究中心教授、研究员。

② UNCTAD，World Investment Report（2017），p.44.

③ Ibid. p.48.

④ Ibid. p.44.

时非洲也是外国直接投资的输出国。2016 年，非洲的外国直接投资流出额为 182 亿美元，占全球份额的 1.3%。①

最近事态的发展表明，非洲正在加强区域间和区域内经济的一体化建设，以便吸引外国直接投资。例如，非洲已经与欧盟签订了经济伙伴关系协议。②此外，覆盖一半非洲大陆的三方自由贸易区协议在 2015 年签署，而且非洲目前正在就建立涉及所有非洲国家的大陆自由贸易区进行谈判。上述举措将在中长期内加速非洲境内外外国直接投资的交流。

关于投资仲裁，截至 2017 年 5 月，国际投资争端解决中心（ICSID）登记了 135 起涉及非洲国家的案件。③其中 21% 的纠纷是由非洲国家内部双边投资条约（BITs）引起的。④这 135 起案件占 ICSID 总受理案件的五分之一，⑤其中主要涉及石油、天然气和矿业方面的纠纷。⑥国际仲裁政治格局的不断变化，加上非洲试图使其经济多样化的努力，在一定程度上改变了非洲投资仲裁实践，使之能够满足非洲自身的需求。非洲商法协调组织（OHADA）最近通过了新的《仲裁统一法》，使本地的仲裁机构能够在投资案件数量不断增加的情况之下，尽可能有效地把握住投资仲裁的发展，⑦以迎合这一趋势。

本文首先从历史的角度分析非洲对投资仲裁的看法，这将有助于我们从

---

① Ibid. pp.45–46.

② The African Caribbean Pacific（ACP）–EU Partnership Agreement,（The Cotonou Agreement),（signed 2000, entered into force 2003）.

③ ICSID, Caseload Statistics on Africa（May, 2017）, p.7.

④ Ibid. p.13.

⑤ Ibid. p.7.

⑥ Ibid. p.12.; see: Cortec Mining Kenya Limited, Cortec（Pty）Limited and Stirling Capital Limited v Republic of Kenya（ICSID Case No. ARB/15/29）; Total E&P Uganda BV v Republic of Uganda（ICSID Case No. ARB/15/11）; BSG Resources（Guinea）Limited and BSG Resources（Guinea）SàRL v Republic of Guinea（ICSID Case No. ARB/15/46）; Standard Chartered Bank（Limited）Hong Kong v United Republic of Tanzania（ICSID Case No. ARB/15/41）.

⑦ New OHADA Uniform Arbitration Act, to be entered into force on 15 March 2018. 新的《仲裁统一法》将其适用范围扩大到非洲商法协调组织地区的投资仲裁，增加了仲裁庭的自主权，并为加快仲裁程序和加强仲裁裁决的执行提供了机制。see Benoit Le Bars, "OHADA Member States: A New Move Forward to Promote Arbitration and Mediation", International Arbitration Law Blog, http://internationalariationlaw.com/blog/ohada–member–states–a–new–Move–Forward–promoari–mediation/（February, 2018）.

实体性和程序性保护方面来分析当前这种争议解决的新制度。

一、非洲与投资仲裁：历史视角

20世纪60年代中期，非洲各国在获得独立后，开始采用投资仲裁，特别是它们大都批准了《国际投资争端解决中心公约》(以下简称《ICSID公约》)。正如该公约的准备工作文件所表明的那样，这是因为它们对促进和增加外国直接投资以及外国资本流入非洲国家特别感兴趣。[①] 值得注意的是，依据《ICSID公约》提起的第一个仲裁案件就是针对非洲国家摩洛哥的。[②]

世界银行总法律顾问阿隆·布鲁歇（Aron Broches）在亚的斯亚贝巴（埃塞俄比亚首都）举行的非洲区域会议的发言表明，在《ICSID公约》最终草案通过之前，非洲国家都积极参与了讨论。[③] 受邀的31个非洲国家中，有29个国家出席了本次会议。布鲁歇的报告表明，非洲国家对《ICSID公约》的宗旨已经达成普遍共识。[④] 从报告中可以明显看出，非洲国家希望进一步扩大ICSID的管辖范围，中心的管辖权不仅应包括投资者与国家之间提起的争端，还应包括投资者与国家控制的运营者和发展机构之间的争端。[⑤] 此外，一些专家还建议应对“投资”一词进行详细定义，以便为ICSID的管辖权提供更多的确定性。布鲁歇甚至声称此次会议“比他想象中的更具建设性，更具帮助性，更鼓舞人心”[⑥]。

此外，在《ICSID公约》缔结之前，四个区域会议中的第一次会议也是在亚的斯亚贝巴举行的。埃塞俄比亚代表表示，他赞成设立ICSID，并承认相较于被投资者视为国家工具的埃塞俄比亚法院而言，该中心作为解决投资争端

---

① ICSID, History of the ICSID Convention: Documents Concerning the Origin and the Formulation of the Convention, vol. II-1, Washington, (1968), pp.239-240；翁·基达尼教授也支持这一观点，即“非洲国家接受国际投资争端解决中心的唯一原因，是他们认为他们必须这样做，以便吸引外国私人投资，来发展他们糟糕的后殖民经济”, see W, Kidane, “The China-Africa Factor in the Contemporary ICSID Legitimacy Debate”, 35 U.Penn J.Int'L. (2014), p.559, at pp.585-586.

② Holiday Inns SA and others v Morocco, (Case No. ARB/72/1).

③ ICSID, History of the ICSID Convention, (n 11), pp.295-296.

④ Ibid, p.296.

⑤ Ibid.

⑥ Ibid.

的另一个法庭的重要性。[①]他进一步补充道，各国政府应给予外国投资者与本国国民同样的保护，从而改善国家与外国投资者之间的关系。[②]来自非洲国家的其他与会者还支持将ICSID的管辖权扩展到除已有的定义之外的其他争端类型。[③]最后，尼日利亚代表更是建议加强有关执行ICSID裁决的有关规定。[④]

随后，《ICSID公约》的45个非洲国家成员国和世界上很多国家一起着手缔结了一系列的双边投资条约（BITs）。[⑤]目前，有超过960个双边投资保护条约的另一缔约方是非洲国家，其中埃及、摩洛哥和突尼斯缔结的条约处于领先地位。[⑥]非洲地区第一个双边投资保护条约是在1982年在埃及和索马里之间签署的。[⑦]

关于仲裁裁决的执行问题，应当指出的是，大多数非洲国家，即《ICSID公约》的45个非洲成员国中，已经有36个国家批准了《纽约公约》（该公约现有37个非洲成员国——译者注）。这是在国际投资争端解决中心框架之外执行仲裁裁决的一个关键因素。[⑧]

从上述情况来看，非洲从一开始就赞成建立国际投资仲裁制度，因为它们需要吸引外国投资者。非洲国家在《ICSID公约》缔结前积极参与谈判，并开始与其他资本输出国缔结协定，就是为了吸引外国直接投资来支持它们经济的发展。

二、新一代的非洲双边投资条约和改革后的区域协定

20世纪60年代以来，非洲经济不断发展，一些非洲国家的经济形态已从

---

① Ibid，p.243.

② Ibid.

③ Ibid，p.259.

④ Ibid，p.244.

⑤ K Daele，"Africa's Track Record in ICSID Proceedings"，Kluwer Arbitration Blog，（May 2012）.

⑥ E Lindsey and L D Burnett，"International Investment in Africa"，Bryan Cave LLP，（2016），p.6.

⑦ United Nations Economic Commission for Africa，"Investment Policies and Bilateral Investment Treaties in Africa：Implications for Regional Integration"，（February 2016），p.20.

⑧ M Ostrove，B Sanderson and A L Veronelli，"Developments in African Arbitration"，GAR，（April 2017）.

资本输入型转变为资本输出型。南—南之间的外国直接投资增长趋势，[①]加上非洲各国近年来对投资仲裁产生的怀疑与高昂的投资仲裁程序费用，[②]使得新一代的双边投资条约产生。

首先，值得注意的是非洲大陆在过去的五年中，只有25个双边投资条约已经生效，原因在于一些非洲国家不愿意批准新的双边投资条约。[③]《喀麦隆与加拿大双边投资条约》和《加拿大与尼日利亚双边投资条约》是两个最新签署的未生效条约。它们的主要目的是更好地平衡国家和投资者之间的利益，同时在条约的序言部分强调其核心是促进可持续发展。[④]此外还有一个明确的条件，即各国不应为了吸引外国投资而损害健康、安全或环境标准。[⑤]

非洲大陆内部另一个新一代双边投资条约的范例是《摩洛哥与尼日利亚双边投资条约》。[⑥]该条约的特点之一是对“投资”一词的定义，这一定义包括四项萨利尼（Salini）标准，随后是符合投资条件的资产清单和应排除在投资定义之外的资产清单，如组合投资、货币的债权和其他债务工具。[⑦]

该条约的另一突出特点是，其不仅要求国家（如旧的双边投资条约），还要求外国投资者也必须承担某些义务。它规定投资者“应努力为东道国及其地方共同体的可持续发展作出最大可行的贡献”。[⑧]特别是投资者应依照预防原则进行环境影响评估，[⑨]并且投资者在获得准入后应继续维持这一特定的环

① C.N. Brower and M.P. Daly, “A Study of Foreign Investment Laws in Africa: Opportunity Awaits”, in Andrea Menaker (ed), International Arbitration and Rule of Law: Contribution and Conformity, ICCA Congress Series, 19, p.503 at pp.527–528.

② A Notaras and J Bartle, “Arbitration in Africa: High Stakes and Big Claims in Resolving Disputes”, Legal Business, (July–August 2015), p.104, at p.108.

③ T Gazzini, “Nigeria and Morocco Move Towards a ‘New Generation’ of Bilateral Investment Treaties”, EJIL, (May 2017), available at: https://www.ejiltalk.org/nigeria-and-morocco-move-towards-a-new-generation-of-bilateral-investment-treaties/.

④ Canada–Cameroon BIT (signed 2014, not yet in force), Preamble p.2; Canada–Nigeria BIT (signed 2014, not yet in force) p.2.

⑤ Canada–Cameroon BIT, article 15 (1); Canada–Nigeria BIT, article 15 (1).

⑥ Morocco–Nigeria BIT (signed in 2016, not yet in force).

⑦ Ibid, article 1 (3).

⑧ Ibid, article 24 (1).

⑨ Ibid, article 14 (3).

境标准。[①] 此外，它还规定投资者的投资应符合公司治理的国家或国际标准，[②]并不得存在任何违反东道国国内法的腐败行为。[③] 就实质性规定而言，《摩洛哥与尼日利亚双边投资条约》规定了许多双边投资条约中都存在的主要标准。它详细界定了公平和公正待遇原则，如"依据当事一方的主要法律制度，在刑事、民事或行政审判程序中不得拒绝司法的义务"，以及获得"国际习惯法中所要求的那样程度的警察保护"的充分保护和保障。[④] 这种宽松的做法可能为仲裁庭留下了解释的空间，并在一定程度上反映了支持对投资项目进行控制的积极因素。

投资仲裁的变化过程除在新一代双边投资条约体现出来外，还在一些区域改革后的区域协定之中表现出来，大多数非洲国家都是这些协定的成员。比较2006年南部非洲发展共同体（SADC，以下简称南共体）通过的《金融与投资议定书》和2012年制定的《SADC示范投资法》，可以发现投资仲裁的视角发生了转变。具体而言，2006年的议定书规定，在用尽当地救济方法之前，可诉诸投资仲裁。[⑤] 它还保证保护投资者不会遭受征收和国有化，给予他们公平和公正的待遇，并包括一项有关最惠国待遇的条款。

然而，2012年《南共体示范投资法》[⑥] 是一项旨在协调非洲国家之间投资政策的非约束性文件，这两者之间存在着巨大的差异。特别是，它建议成员国不要将投资仲裁作为一种争议解决方式，即使成员国可能会决定这么做。[⑦]此外，《南共体示范投资法》建议采用以企业为基础的投资定义，这样更符合可持续发展的目标。它还排除了有关最惠国待遇条款的规定，建议不将公平和公正待遇标准的规定纳入其中，而是主张列入公平行政待遇标准，该标准只限于拒绝司法的索赔要求。该示范法支持这种选择，认为这种方式是一种"替代性标准，是一种比'公平和公正待遇'标准更受限制和更谨慎地处理关

---

① Ibid, article 18(1).

② Ibid, article 19.

③ Ibid, article 17(2)-(5).

④ Ibid, article 7(2)(a).

⑤ Ibid, article 28(1).

⑥ SADC Model Bilateral Investment Treaty Template with Commentary (2012).

⑦ Ibid, article 29.

键问题的新方法”。[①]

如果国家选择纳入公平公正的待遇标准，则《南共体示范投资法》规定了一个更高的门槛，即需要证明某一国家的具体行为是“恶意的、故意玩忽职守或殆于行使职责，其程度远远低于国际标准以至于每一个合理公正的人都会明显认识到这种不足”[②]。

一些南共体成员国已根据《南共体示范投资法》中建议的条款签署了双边投资条约。[③]然而，其他南共体成员国在起草新的双边投资条约时却选择背离其条款。《日本与莫桑比克双边投资条约》和《加拿大与坦桑尼亚投资条约》是后一类型的例子，因为它们都纳入了投资仲裁的选择以及有关最惠国待遇条款的规定。[④]

三、投资仲裁“非洲化”

现阶段投资仲裁“非洲化”的尝试逐渐增多，非洲国际仲裁的区域化和大陆化趋势占据主导地位，希望以此来扭转非洲案件向海外输出的趋势。

纵观非洲投资仲裁的发展史，即使是在涉及非洲国家的案件中，非洲仲裁员被选择的人数也一直不足。根据ICSID数据库的显示，截至2017年，依据《ICSID公约》和《附加便利规则》所登记的613起案件中，有22%的案件涉及非洲缔约国。[⑤]但是，相比较登记的案件而言，当事人选择非洲仲裁员、

---

① Ibid, Commentary to article 5, Option 2, p.23.

② SADC Model BIT, article 5(2), Option 1.

③ An indicative example is the BITs concluded between Brazil and certain African States, such as Mozambique, Angola and Malawi. (Agreement for Cooperation and Facilitation of Investments between the Government of the Federative Republic of Brazil and the Government of the Republic of Angola [signed 1 April 2015, not yet in force]; Investment Cooperation and Facilitation Agreement between the Federal Republic of Brazil and the Republic of Malawi [signed 25 June 2015, not yet in force]; Agreement for Cooperation and Facilitation of Investments between the Government of the Federative Republic of Brazil and the Government of the Republic of Mozambique [signed 30 March 2015, not yet in force]).

④ Japan–Mozambique BIT (signed 1 June 2013, entered into force 29 August 2014), article 17(4); Canada–United Republic of Tanzania BIT (signed 17 May 2013, entered into force 9 December 2014), article 23(1).

⑤ ICSID, Caseload Statistics on Africa, (2017), p.7.

调解员和专门委员会成员的概率只有4%，[①]共90人；而ICSID和双方当事人选择的仲裁员中来自西欧国家的人士有979人，来自北美以及墨西哥在内的人士有437人。[②]这种趋势在未来的一段时间内也不会有所改变。但从中长期的发展来看，非洲投资仲裁不断变化的政治形势，加上一些非洲国家表示愿意改进对仲裁法专业人员的培训的态度，可能会加强对非洲本土仲裁员的需求。

非洲目前正在为成为国际仲裁领域中的一员而重塑自己。虽然这种发展在整个非洲大陆的分布并不均衡，但其仍在国内、区域和大陆层面进行了重大的法律和体制改革。

从国内层面来看，毛里求斯是最主要的推动本国成为"安全"的仲裁场所的国家。它在2008年通过了一项以《联合国国际贸易法委员会国际商事仲裁示范法》（以下简称示范法）为基础的新的国际仲裁法，其中有一节专门用来讨论投资仲裁问题。2010年，常设仲裁法院在毛里求斯设立了区域分支机构。一年后，毛里求斯和伦敦国际仲裁院联合成立了伦敦国际仲裁院—毛里求斯国际仲裁中心（简称LCIAC–MICA仲裁中心）。毛里求斯也是世界上第一个批准2014年《联合国关于投资者与国家间基于条约仲裁的透明度公约》的国家，并采取积极措施以加强仲裁中心与商会的联系。考虑到毛里求斯是众多来自非洲法语国家和英语国家的项目的投资地，这些做法顺理成章。

其他非洲国家如尼日利亚、加纳、卢旺达等已对其仲裁法进行了现代化改造，以便使本国能够成为更好的国际仲裁场所和地点。例如，卢旺达为了向商业和投资争端提供更好的仲裁服务而建立了基加利国际仲裁中心（KIAC）。[③]尼日利亚支持各种仲裁倡议，并于2012年正式成立了一个仲裁和替代性解决争端中心——拉各斯仲裁院（LCA）。[④]

就区域一级而言，非洲投资仲裁制度正受到区域和区域间协定的影响。东南非共同市场（COMESA）在2007年通过了改革后的《东南非共同市场投资区域协定》，并试图以此来吸引该区域内外的投资。该协定尚未生效，其全面实施后将使投资者能够将投资争议提交给东道国法院、东南非共同市场法院

---

① Ibid, p.29.

② Ibid, p.28.

③ See www.kiac.org.rw.

④ See www.lca.org.ng.

进行仲裁，或根据 ICSID、国际贸易法委员会仲裁规则进行仲裁。[①]

OHADA 目前正将其范围扩大到投资仲裁领域。OHADA 由 17 个非洲国家组成，主要语言是法语，对于商事仲裁，它已实施了《仲裁统一法》付诸实践。最近 OHADA 对该法进行了改革，并将投资仲裁也包括在内。[②] 此外，OHADA 还修订了它的仲裁规则，授权司法与仲裁共同法院（CCJA）根据投资文件、投资法或投资条约进行仲裁。[③] 该修订旨在回应现有的非洲内部的一些双边投资条约，这些双边投资条约有的已经选择司法与仲裁共同法院来解决投资者针对投资东道国提起的投资仲裁。[④]

东部非洲共同体（EAC，以下简称东共体）没有制定区域投资协定。但它在 2006 年通过了《东共体示范投资法》，为投资者提供了利用 ICSID 仲裁的机会。该示范法目前还没有约束力，但它表明了东共体对国际投资争端仲裁的积极支持态度。

然而，在西非国家经济共同体（ECOWAS，以下简称西共体）中，排除适用投资仲裁的方式却比较极端。2008 年西共体通过了《西共体共同投资规则》，要求当事人的仲裁请求只能提交给国内法院或相关国家主管部门来处理，排除了国际投资仲裁这种争议解决方式。[⑤]

这些非洲经济共同体对投资者与国家间的投资争议采取的仲裁方法，可能会影响非洲大陆未来的投资框架。2015 年，东南非共同市场、东共体和南共体之间建立了三方自由贸易区（TFTA），三方自贸区代表了包含一般非洲国家在内的单一市场所作出的区域间承诺。尽管三方自贸区协定并不是一项投资协定，但它可以为未来的区域间投资条约铺平道路。

就非洲大陆层面而言，非洲很多国家正在谈判达成能够在整个非洲自由流通的《非洲大陆自由贸易区协定》（AfCFTA），该协定包括了对货物、服务、

① Investment Agreement for the COMESA Common Investment Area, article 28(1).

② New OHADA Uniform Arbitration Act (to be entered into force on 15 March 2018), article 3.

③ Revised Rules of Arbitration of the Common Court of Justice and Arbitration, to be entered into force on 15 March 2018, article 2(1).

④ See for example, Guinea-Chad BIT (signed 2004, not yet in force) article 9(3)(ii); Guinea-Burkina Faso BIT (signed March 2003, entered into force August 2004), article 9(2)(b); Benin-Chad BIT (signed May 2001, not yet in force), article 10(2)(b).

⑤ ECOWAS' Common Investment Rules for the Community, article 33(6).

商业、人员和投资的规定。迄今为止，《非洲大陆自贸区协定》在非洲联盟的框架下已经谈判了6年之久。一旦成功建立，非洲大陆自贸区将把整个非洲大陆变成一个拥有10亿人口、GDP总和超过3.4万亿美元的单一市场。目前为止非洲大陆自贸区还未谈成，预计在未来的谈判之中，将包括一项有关投资仲裁条款的内容，如此一来非洲想要建立大陆投资法律框架的雄心就能够得以实现。*

最后，非洲现在正在起草《泛非投资法典》(PAIC)，作为《非洲大陆自贸区协定》投资这一章节的补充法律。2006年的《泛非投资法典》规定，投资者与国家之间的争议需以东道国的现行法律和用尽当地救济为前提。此外，仲裁还应适用联合国国际贸易法委员会的仲裁规则，并可提交给非洲的某一仲裁中心进行审理。② 该法进一步加快了非洲成为投资争端中心的进程，并试图以此改变非洲国家将案件诉诸到国外仲裁的常态。

四、南非的模式

南非对投资仲裁采取了最激进的做法。2004年5月，南非政府颁布了《矿产资源和石油开发法》，规定矿产公司必须申请矿产许可证。根据这项立法，来自意大利和卢森堡的投资者向ICSID提出仲裁请求，要求获得赔偿并反对南非征收其矿产。② 然而在该案件被解决之前，南非就已经注意到投资仲裁的影响力。③ 南非在2008年采取的第一步是终止与他国谈判新的投资条约，而不是对现有已经到期的投资条约续约，并且南非还终止了与奥地利、比利时、

* 《非洲大陆自贸区协定》已在2019年5月30日生效，目前，在非盟55个成员国中，除厄立特里亚外，其他54个国家都已签署了该协议，南非、埃及、津巴布韦等29个非洲国家批准了该协议。根据协定，非洲大陆自贸区将在2020年7月1日正式运作——译者注。

① Pan-African Investment Code, Draft of December 2016, article 42 (1).

② The two known cases against the country initiated after the introduction of the PPI Bill is Piero Foresti, Laura de Carli & Others v. The Republic of South Africa, ICSID Case No. ARB (AF) /07/01 and an unpublished UNCITRAL arbitration case between a Swiss investor and South Africa; see also D.M. Ziyaeva and M. Jonker, 'Legal Trends and Developments of International Arbitration in South Africa', 13 TDM 4, (October 2016).

③ N Peacock and H Ambrose, 'South Africa terminates its bilateral investment treaty with Spain: Second BIT terminated, as part of South Africa's planned review of its investment treaties', Arbitration Notes (August 2013).

法国、德国、西班牙、欧盟和英国等欧洲国家的投资条约。[①] 欧盟对此事并未保持沉默，它批评了南非终止双边投资条约的行为，强调欧盟应是南非最重要的贸易和投资伙伴。[②]

此外，2015 年南非还提出了一项有关促进和保护投资的新法律——《投资促进与保护法》。该法最重要的特点是，没有对外国投资者的投资仲裁请求权作出任何规定。相反，它规定投资者可以选择调解、向国内法院提起诉讼，或依照 1965 年《南非仲裁法》申请仲裁。[③] 就实质性保护而言，受到《南非示范投资法》的启发，《投资促进与保护法》不包括任何关于公平和公正待遇标准的条款，仅包括了拒绝司法赔偿的标准，这实际上是被公平行政待遇标准所代替了。[④] 另外，该法并不能保证投资的市场公正价值，它只是简单地规定应该公平公正地给予投资者补偿金，因此它在补偿标准上存在很大的限制。《投资促进与保护法》的出台引起了很多人的关注，因为它将导致两种投资者出现：一种是在该法出台前已在南非投资的投资者，他们仍然可以从已经终止的双边投资条约的日落条款中获得利益；另一种投资者是在 2015 年该法出台后到南非投资的，他们将受到新法规定的约束。[⑤]

然而，这种对投资仲裁的阻碍并没有反映在南非与其他非洲国家的双边投资条约上。特别是南非既没有终止与其他非洲国家的双边投资条约，也没有终止该国所参与的区域投资条约。[⑥] 相反，它与其他非洲国家签署了更多的

---

① M M Mbengue, ‘Special Issue: Africa and the Reform of the International Investment Regime’, Journal of World Investment and Trade 18, (2017), p.371 at p.375.

② M Weiniger, G Satryani and H Ambrose, “Dawn of a New Era of Investment Protection in South Africa—Draft Investment Law to Replace Protections Offered under Investment Treaties Published for Public Comments”, Arbitration Notes, (November, 2013); see also, M. Allix, ‘EU Steps Up to Have Treaties with SA Retained’, Business Day Live (November, 2013), available at www.bdlive.co.za/business/trade/2013/11/12/eu-steps-up-fight-to-have-treaties-with-sa-retained.

③ PPI Bill, section 11 (1), section 11 (4) and section 11 (5) respectively.

④ Ibid, section 6 (1).

⑤ Weininger, Satryani and Ambrose (n 60).

⑥ See indicatively, South Africa-Mauritius BIT (signed February 1998, entered into force October 1998), South Africa-Nigeria BIT (signed April 2000, entered into force July 2005) and the SADC Protocol.

双边投资条约，尽管这些条约还尚未生效。①

五、中非双边条约

作为世界第二大经济体，中国在非洲的出现改变了中非经济关系中投资仲裁的格局。中国"走出去"的政策使中国在非洲各国的投资额增加，尤其是在自然资源方面，中国希望以此来推动经济的发展。在短短十多年的时间里，中国在非洲的投资额猛增350倍，从2003年的不足1亿美元增长至2015年的约350亿美元，使中国成为非洲第四大投资国。②

就目前而言，中国在非洲的投资进度不太可能放缓。中国国家主席习近平在2015年中非合作论坛期间，在约翰内斯堡公布了600亿美元的发展援助和投资方案。这一方案的发布无疑更加加深了这个"亚洲巨人"的经济影响力，为其未来在非洲大陆的投资铺平道路。

从资本输入国到外国直接投资出口国，中国需要利用国际投资仲裁法律框架来保护中国的海外投资者。迄今为止，联合国贸易和发展会议的数据库中已经登记了35个中国与非洲国家签署的双边投资条约，其中22个条约已经生效。③

1989年非洲国家加纳与中国签署了第一个双边投资条约。中国与加纳的双边投资条约将仲裁限制在对征收赔偿额的索赔范围内，④征收和其他争议的合法性则由东道国法院来决定。⑤该条约还授权斯德哥尔摩商会仲裁院（SCC）可以根据该院的仲裁规则或ICSID仲裁规则进行仲裁，⑥将投资者与国家之间产生争议的仲裁仅限于征收的赔偿额范围之内，是因为此时中国仍然是一个资本输入国，需要尽可能多地保留权力来监管在其领域内的外国投资。

直至21世纪初，中非投资者与国家之间的仲裁适用范围才得以扩大。例

---

① See indicatively investment treaties between South Africa and Algeria，Congo，Egypt，Ethiopia，Equatorial Guinea，Gabon，Ghana，Libya，Senegal and United Republic of Tanzania.

② UNCTAD，World Investment Report，（2017），p.44.

③ See，http://investmentpolicyhub.unctad.org/IIA/CountryBits/42.

④ China–Ghana BIT（signed October 1989，entered into force November 1990），article 10（1）.

⑤ Ibid，article 4（3）.

⑥ Ibid，article 10（3）–10（4）.

如，1998 年的《中国与埃塞俄比亚双边投资条约》规定，埃塞俄比亚国家法院对所有争议具有广泛的管辖权，但仲裁仅适用于有关征收赔偿额的争议。①

2002 年签署的《中国与科特迪瓦双边投资条约》并未将仲裁范围局限于国家征收，而是将适用范围扩大到依据双边投资条约产生的所有争议。然而，投资仲裁却仍然受到程序上的限制，它必须以事先用尽当地救济方法为前提条件。②2004 年《中国与突尼斯双边投资条约》是在仲裁范围和程度上最不受限制的条约，该条约为投资者提供了选择法院的权利或在不要求用尽当地救济的情况下，解决由双边投资条约引起的任何争议的仲裁。③随着中国海外投资的逐渐增多，中国必须通过投资仲裁来扩大对投资者的保护范围，以更有利于投资者的方式重新设计双边投资条约模式。

有趣的是，中非经济关系在过去几十年里的变化，改变了非洲投资者与国家之间仲裁的模式，使仲裁从提供非常有限途径的中国模式变成了取消仲裁限制的国际模式。由于中国将继续扩大其在非洲的经济份额，这种发展趋势不太可能逆转。

六、总结

非洲国家对投资仲裁在保护程序和实体方面的看法无疑发生了转变。事实上，非洲在国际争端解决方面的经验导致了其对双边投资条约传统模式的修改和对新一代双边投资条约的引进，以期能在国家利益和投资者利益之间找到更好的平衡。

通过非洲国内、区域和大陆层面的共同努力，让非洲仲裁案件在非洲内部就能得到裁决，从而使得投资仲裁“非洲化”的趋势逐渐上升。南非所采取的是最为激进的方法，这是一个特例，它废除了与其他国家签署的许多双边投资条约，并为投资争议设计了它自己的国内争议解决方式。

然而，投资仲裁在处理中非关系时却有所不同。中国和非洲国家签署的

---

① Ethiopia–China BIT (signed May 1998, entered into force May 2000), article 9 (3) .

② China–Ivory Coast BIT (signed September 2002, not yet in force), article 9 (3) .

③ China–Tunisia BIT (signed June 2004, entered into force 2006), article 9 (2); see also M. de Brugiere and C. Morgan, ‘Chinese Investment in Sub–Saharan Africa: Is it Changing the Face of International Arbitration in the Region ? ’, Special Issue on Africa, 13 TDM 4 (2016), p.14.

条约取消了对国际投资仲裁的限制，以此来加强对中国投资者的保护。

迄今为止，不同类型的投资仲裁框架都在该大陆共存，并且很难确定以现有的共同分享框架为基础，从而衍生和改变的方案是否会占上风，或者说需不需要采取更多的保护措施。值得思考的是，目前大多数非洲国家仍是资本输入国，许多投资者如果不能感受到对他们投资的充分保护，尤其是在基础设施或自然资源投资的项目上，他们就不会再选择对非洲进行投资。显然，非洲大陆能否找到一种针对非洲内部和外部的统一的双边投资条约投资仲裁方式，仍有待观察。

征稿启事

《北京仲裁》由北京仲裁委员会/北京国际仲裁中心主办，主要刊登中外仲裁、调解、工程评审等与多元化纠纷解决机制相关的民商事理论性、实践性的论文或者介绍性文章以及符合前述范围的翻译文章。本出版物每年出版四辑，下设“主题研讨”“专论”“仲裁讲坛”“比较研究”“ADR专栏”“案例评析”“办案札记”等栏目。

编辑部热诚欢迎广大读者投稿，投稿前请仔细阅读以下注意事项：

1. 来稿应符合本出版物网站（www.bjac.org.cn /magazine/）的投稿要求及注释体例，并按要求写明作者信息、中英文题目、内容摘要、关键词等信息。

2. 来稿应严格遵守学术规范，如出现抄袭、剽窃等侵犯知识产权的情况，由作者自负责任。

3. 为扩大本出版物及作者信息交流渠道，本出版物已经委托博看网数字发行，并已被CNKI中国期刊全文数据库收录。凡向本出版物投稿的稿件，即视作作者同意独家授权出版其作品，包括但不限于纸质图书出版权、电子版信息网络传播权、无线增值业务权等权利，授予本出版物授予合作单位再使用、授予相关数据库收录之权利，作者前述相关的著作权使用费将由编辑部在稿酬内一次性给付。若作者不同意前述授权的，请在来稿时书面声明，以便做适当处理；作者未书面声明的，视为同意编辑部的前述安排。

4. 投稿方式：请采用电子版形式，发送至电子邮箱bjzhongcai@bjac.org.cn。如在两个月内未发出用稿或备用通知，请作者自行处理。

5. 所有来稿一经采用，即奉稿酬（400元/千字，特约稿件500元/千字）。

《北京仲裁》编辑部

图书在版编目（CIP）数据

北京仲裁．第112辑/北京仲裁委员会（北京国际仲裁中心）组编．—北京：中国法制出版社，2020.9

ISBN 978-7-5216-1247-9

Ⅰ.①北… Ⅱ.①北… Ⅲ.①仲裁－司法监督－中国－文集 Ⅳ.①D925.7-53

中国版本图书馆CIP数据核字（2020）第162893号

策划编辑：马 颖

责任编辑：侯 鹏

封面设计：李 宁

北京仲裁（第112辑）

BEIJING ZHONGCAI（DI 112 JI）

组编/北京仲裁委员会（北京国际仲裁中心）

经销/新华书店

印刷/河北鑫兆源印刷有限公司

开本/787毫米×960毫米 16开

印张/10 字数/162千

版次/2020年9月第1版

2020年9月第1次印刷

中国法制出版社出版

书号ISBN 978-7-5216-1247-9

定价：30.00元

北京西单横二条2号 邮政编码100031

传真：010-66031119

网址：http://www.zgfzs.com

编辑部电话：010-66060794

市场营销部电话：010-66033393

邮购部电话：010-66033288

（如有印装质量问题，请与本社印务部联系调换。电话：010-66032926）